LA PUISSANCE DES LIENS

Sauf mention contraire,
toutes les photos présentes dans cet ouvrage sont de Matthieu Ricard.

émergences

www.emergences.org
www.facebook.com/emergences

L'Iconoclaste

L'Iconoclaste,
26, rue Jacob, 75006 Paris
Tél.: 01 42 17 47 80
iconoclaste@editions-iconoclaste.fr
www.editions-iconoclaste.fr

CHRISTOPHE ANDRÉ, ABDENNOUR BIDAR,
FABIENNE BRUGÈRE, BORIS CYRULNIK,
ILIOS KOTSOU, CAROLINE LESIRE,
MATTHIEU RICARD, REBECCA SHANKLAND

LA PUISSANCE DES LIENS

L'ICONOCLASTE

À tous ces liens qui, de notre naissance
à notre mort, dessinent notre place
au sein de la grande famille du vivant.

Aux artisans du lien, qui, à leur échelle,
contribuent à rassembler
les fragments épars de notre monde fracturé.

À Sophie de Sivry pour tous les liens
qu'elle a su tisser avec les auteurs, les autrices,
et toutes les personnes qui œuvrent
pour un monde plus altruiste.

« Les liens entre les êtres humains sont comme des fils invisibles qui nous relient les uns aux autres. Ils peuvent être fragiles, mais quand ils sont entretenus avec amour et attention, ils deviennent incroyablement puissants. »

Maya Angelou

« Et le simple berger lui-même qui veille ses moutons sous les étoiles, s'il prend conscience de son rôle, se découvre plus qu'un berger. Il est une sentinelle. Et chaque sentinelle est responsable de tout l'empire. »

Antoine de Saint-Exupéry

INTRODUCTION

Les êtres humains sont des animaux sociaux. Nos lointains ancêtres n'auraient pas pu vivre de façon solitaire sur une planète aussi hostile. La solidarité à l'intérieur du groupe pour trouver de la nourriture ou pour faire face au danger, la coopération, l'empathie, l'entraide, tout cela a permis aux premiers humains de survivre. Nous nous définissons fondamentalement comme des êtres de liens.

À l'inverse, coupés des autres, nous avons le sentiment douloureux qu'il nous manque quelque chose d'essentiel. D'où ce sentiment de connexion profonde, de non-séparation, qui peut aller jusqu'à nous faire sentir comme ne faisant qu'un avec l'univers, comme le décrit si bien l'autrice anglaise Virginia Woolf « Il m'arrive parfois de penser que je suis les saisons, le mois de janvier, le mois de mai, le mois de novembre : que je fais partie de la boue, du brouillard et de l'aube[1] » – et que Romain Rolland qualifie de « sentiment océanique[2] ».

---

1. *Les Vagues*, LGF, Biblio, 1982.

2. Mathieu, J. M., « Sentiment *océanique* chez Platon et dans le platonisme chrétien », *Kentron. Revue pluridisciplinaire du monde antique* vol. 16, 2000, p. 9-39. Romain Rolland l'écrit dans une lettre à Freud datée du 5 décembre 1927.

Comprendre la multiplicité de ces liens

Dans ce livre, de grands sages, des philosophes, des psychologues et des chercheurs sont réunis pour décrire les différents liens qui nous rapprochent de nos semblables. Liens des mots, de la voix, des odeurs, liens des sentiments, liens de l'altruisme, de l'entraide et du soin. Comment ces liens sont-ils la clé de notre équilibre ? De quelle façon se tissent-ils tout au long de notre existence ? Comment peut-on les entretenir ?

Dans un premier chapitre, Abdennour Bidar s'interroge sur le sens même du mot et porte une réflexion philosophique sur le triple lien qui tisse nos existences : à la nature, aux autres et à nous-mêmes. Boris Cyrulnik nous montre ensuite à quel point les liens d'attachement sont essentiels à notre construction, et ce depuis notre plus tendre enfance. Puis, avec Ilios Kotsou et Caroline Lesire, nous explorons l'importance des relations sociales au niveau individuel et collectif, dans une perspective psychologique et engagée dans la société. Avec Rebecca Shankland, nous nous intéressons à l'interdépendance, cette dépendance positive qui peut nourrir la joie, avant d'aborder le thème de l'éthique du care avec Fabienne Brugère. Christophe André aborde les pouvoirs de la consolation, qui repose sur un rétablissement du lien. Enfin, Matthieu Ricard nous propose une réflexion transversale et incarnée de ces connexions qui nous lient.

Nous vous invitons à découvrir la puissance de ces liens et à parcourir ce livre tel un voyageur à l'entame d'un nouveau chemin. Avec curiosité et soif de découverte, à votre rythme et en vous reliant à tous les paysages intérieurs que nos mots feront naître en vous.

L'école du saule,

PAR CÉCILE BOLLY

Il était une fois, il y a très longtemps, dans un pays très loin d'ici, un homme qui marchait. Il marchait parfois vite, parfois lentement, sous le soleil ou dans le vent. Il quittait la Chine, où il venait d'apprendre les arts martiaux, et rentrait chez lui. En chemin, il pensait à la technique qu'on lui avait enseignée. Il sentait qu'il y avait sans doute quelque chose à associer à cette technique ; quelque chose de plus intérieur, une réflexion philosophique, peut-être, ou un fondement spirituel. Quelle est, se demandait-il, la force qu'il faut opposer à la force pour la combattre ? Se retirant longuement dans un temple zen afin d'y méditer, il se promène un jour dans le grand jardin alors qu'il y neige abondamment. Son attention est subitement attirée par le bruit d'une branche de cerisier qui casse sous la neige malgré sa robustesse. Un peu plus loin, alors qu'il s'approche d'un saule, il voit la neige glisser silencieusement à terre et la branche pourtant fragile du saule se relever, indemne. À ce moment-là, son esprit s'éclaire, son âme s'éveille. Il comprend que ce n'est pas la force qu'il faut opposer à la force, mais bien la souplesse ; que ce n'est pas la lance qu'il faut opposer à la lance, mais bien la main vide et le cœur pacifié. Depuis lors, on attribue à ce médecin japonais, Shirobei Akiyama, la création de l'école du saule, Yoshin-ryu, qui a donné naissance au judo et au ju-jitsu.

Cette école du saule, ou plus précisément cette école de l'esprit du saule, est ma préférée ! Que ce soit dans mon travail de médecin, dans celui de vannière ou à d'autres moments encore, je me sens avant tout dans la recherche du geste juste.

Le saule est un des arbres qui permet de faire de la vannerie. Les branches de saule une fois coupées deviennent des brins d'osier, que des mains tissent pour réaliser un panier. La beauté de celui-ci dépend de la qualité de chaque geste effectué, qui n'est pas seulement un geste technique, mais une trace de l'interdépendance entre différentes formes du vivant. Au moment de l'imaginer ou même de le créer, nul ne sait ce que ce panier pourra contenir.

Dans mon travail de médecin et de psychothérapeute, la recherche du geste juste est tout aussi importante. Pour moi, elle se manifeste avant tout dans la qualité de l'écoute que je peux offrir à l'autre. Qu'est-ce qu'écouter, si ce n'est offrir un contenant, être contenant, afin que ce moment de rencontre puisse accompagner, relier, soutenir, contenir, protéger parfois.

Plus largement, quels que soient notre place, notre rôle, notre fonction, l'école de l'esprit du saule nous apprend donc la souplesse, la disponibilité, l'attention à tout être vivant. Elle nous rend ainsi capables de tisser des liens solides et porteurs de sens, des liens qui libèrent.

1.

DEVENIR UN TISSERAND DE CE MONDE

ABDENNOUR BIDAR

****

FIGURE INTELLECTUELLE DE L'ISLAM LIBÉRAL, CET ÉCRIVAIN ET PHILOSOPHE MET INLASSABLEMENT SES LIVRES ET SON ENGAGEMENT AU SERVICE D'UNE SOCIÉTÉ PLUS FRATERNELLE.

****

Le philosophe commence toujours par clarifier le sens des mots. Ainsi, face au vaste sujet de la puissance des liens, une question s'impose : de quels liens et de quelle puissance parle-t-on ? Trois liens se distinguent, qui sont vitaux, essentiels à notre vie et à l'humanité, parce qu'à travers le canal de ces liens passe notre nourriture essentielle : le lien à soi, le lien aux autres et le lien à la nature. C'est ce que j'appelle le « triple lien ».

La puissance de ces liens vient de ce qu'ils nous relient à une source d'énergie supérieure, transcendante, et si nous devons reprendre conscience aujourd'hui de leur force, de leur nécessité primordiale, de l'importance de leur bonne santé, c'est parce que nous sommes dans une situation de civilisation où leur ressource est devenue, plus que jamais, indispensable… Sans eux, nous resterons impuissants face à l'ampleur des défis et des désordres de notre temps, qui correspondent d'ailleurs à la rupture ou à la souffrance de tous ces liens : les liens à soi, à l'autre, à la nature, sont terriblement abîmés, de sorte que non seulement tout se désagrège, mais que nous-mêmes, privés de l'énergie des liens fondamentaux, nous n'arrivons pas, nous n'arrivons plus à réparer le tissu déchiré du monde, qui n'en finit plus de s'effilocher de toutes parts. Souffrance des liens, et donc souffrance des sociétés, souffrance du vivant, et misère de l'humain… tel est le résultat de toutes nos situations de séparations.

Une crise généralisée du lien

Nous vivons à ce point séparés, dissociés, divorcés – de nous-mêmes, les uns des autres, et du vivant – que nous avons désormais la plus importante, la plus urgente, la plus décisive des responsabilités collectives pour qu'émerge un futur pour l'humanité et en même temps une régénération de la Terre : devenir des tisserandes et des tisserands, qui, ensemble, vont réparer ces liens brisés, endommagés et, ainsi, reconstituer le tissu déchiré du monde. Devenons ces tisserandes et ces tisserands qui – chacune et chacun à son échelle, à sa façon, selon le génie propre de nos personnalités et de nos différents collectifs – vont réparer de concert tout ce qui a été endommagé du lien à soi, du lien à l'autre et du lien à la nature… Comme on libère les eaux de rivières qui ne coulaient plus, comme on fait à nouveau circuler dans nos veines un sang qui ne passait plus.

Nous traversons une situation de crise généralisée du lien, et cette crise du lien est la mère de toutes les crises, comme autrefois il existait une mère de toutes les batailles. Voilà pourquoi nous revenons aujourd'hui à la question du lien, voilà pourquoi nous considérons que le combat pour renouer nos liens est essentiel. Munis de cette image du triple lien, forts de ce grand récit de la réparation du tissu déchiré du monde, emplis par cette grande espérance et confiants en la puissance de nos liens retrouvés, nous pourrons, je l'espère, passer d'une civilisation de souffrance des liens à une civilisation heureuse, et grandir en humanité, faire un saut d'humanisation, car à travers nos liens c'est aussi l'énergie d'un éveil de conscience, d'un progrès d'être et d'esprit que nous recevons.

Nos séparations

La séparation avec la nature

Nous vivons séparés de la nature : c'est le premier lien déchiré que nous pouvons réparer, dans le fil de la grande cause écologique. Mais actuellement, si nous cherchons à retrouver ce lien avec la nature, nous le faisons souvent de façon intellectuelle, rationnelle : on nous dit de sauver la planète, de trier nos déchets, de veiller à notre empreinte carbone, de moins consommer, ce qui est sans doute nécessaire, mais qu'en est-il de l'éveil de notre sensibilité ? Sommes-nous capables, à nouveau, d'entendre ou de sentir le sanglot de la Terre qui pleure, comme disait Thich Nhat Hanh ? Sommes-nous capables de recevoir en nous la puissance créatrice de la nature ? Sommes-nous capables de contempler la grande harmonie du cosmos, d'inscrire notre action dans la sienne, comme l'instrumentiste s'accorde à l'orchestre, et d'y participer consciemment en faisant notre part de sa grande œuvre de beauté, d'ordre, de justice et de paix ?

La séparation avec autrui

L'autre lien à restaurer concerne autrui. Nous vivons dans des sociétés individualistes et communautaristes, en guerre armée, économique ou culturelle les uns contre les autres. Nous assistons à la multi-guerre des multi-identités ; il suffit d'avoir une culture, une religion, une idéologie, quelle

Les vieilles
sagesses
nous rappellent
que l’homme
n’est rien
tout seul

qu'elle soit, pour qu'aussitôt nous en fassions un motif d'exclusion de ceux qui n'appartiennent pas à notre groupe et que nous entrions en guerre vis-à-vis de celui qui n'a pas la même identité, pas la même culture, pas la même religion, pas la même idéologie ; et tout cela sur la base d'une séparation de plus en plus indécente entre les classes sociales, entre les riches et les pauvres, à l'intérieur de nos propres sociétés occidentales, et, évidemment, à des échelles aggravées, planétaires, entre sociétés plus ou moins développées économiquement. Et les appels à davantage d'humanité, de tolérance, de partage restent vains, ou ne produisent que des résultats insuffisants, parce que nos éducations n'ont pas du tout assez ouvert nos cœurs, pas assez éveillé en nous le sens de la fraternité universelle.

La séparation avec soi

Le lien à soi est aussi en souffrance, et il est, lui aussi, à restaurer. Il s'agit de la relation que l'on a avec son propre cœur, un cœur entendu au-delà même de la capacité à ressentir ou éprouver quelque chose, comme un organe spirituel qui nous relie à l'infini, à l'infiniment plus grand que soi, à ce qui est au-delà de l'espace et du temps, à l'origine de toutes choses. Mais, là encore, quelle éducation à trouver son cœur recevons-nous ? Qui nous apprend à vivre selon ce qui jaillit de ce cœur ? Quel exercice spirituel pratiqué au quotidien peut libérer dans notre existence tout entière sa source de vie, d'amour et de puissance ? Car le cœur n'est pas seulement un organe physique, sensible. Il nous relie à une profondeur à côté de laquelle la profondeur de l'univers lui-même n'est qu'une surface. Et du côté de cette profondeur, de cette origine, il y a une fontaine de miséricorde, issue d'une source mystérieuse d'où surgissent l'univers et son harmonie... Mais laquelle de nos méditations nous apprend à creuser assez profond pour libérer son jaillissement ?

Nous vivons des existences qui, hélas, sont rarement alignées entre ce plus profond intérieur et l'extérieur, où l'eau fondamentale ne s'écoule pas de nos cœurs à nos pensées jusqu'à nos actes, nos engagements, si sincères soient-ils. Nous ressentons dès lors comme une souffrance, entre ce que nous sommes et ce que nous faisons, et nous remplissons ce vide avec des consommations extérieures. Nous souffrons aussi d'une société qui ne nous donne pas l'occasion, dans notre travail, de chercher puis de libérer et d'engager la ressource de ce moi si profond, mais qui nous conditionne et nous condamne à ne vivre qu'en surface de nous-mêmes. Ainsi, nous restons si faibles, si fragiles, que nous devenons une proie toujours plus facile pour toutes les dominations, exploitations, aliénations, illusions qui prolifèrent dans le monde d'aujourd'hui.

Pour résister à cela, pour être plus forts que ce qui nous tue, nos grands liens sont des canaux. Ils nous relient à des énergies sans lesquelles nous serons, hélas !, toujours plus impuissants et deviendrons plus encore des proies pour les prédateurs de toutes les dominations, de toutes les aliénations, à commencer par les aliénations consuméristes, mais aussi les aliénations politiques. L'enjeu du spirituel, c'est-à-dire l'enjeu de la puissance des liens, est inséparablement un enjeu politique. Voilà pourquoi il est urgent et nécessaire, me semble-t-il, que nous réfléchissions ensemble, que nous méditions ensemble, à partir de la ressource la plus intérieure, à la façon dont nous allons pouvoir reconstruire des vies authentiquement humaines, retisser nos liens essentiels, nos liens de vitalité, nos liens de lucidité, nos liens de lumière, les liens qui nous engagent dans le monde de façon à la fois intelligente, généreuse et amoureuse.

Seuls, nous ne sommes rien

Il y va de notre responsabilité de réparer les liens. Mais n'appréhendons pas le terme de *responsabilité* seulement en son sens moral ou éthique. Entendons que derrière la notion de responsabilité se cache aussi le pur et simple besoin essentiel, pour nos âmes, de respirer à nouveau et de renaître grâce à tous ces liens que nous allons renouer. Comment, cependant, écouter ce besoin et réparer les liens ? Cela fait des années que je m'interroge là-dessus et, ce faisant, je suis retombé sur une évidence... On pense souvent être originaux, mais en fait on passe son temps à « redécouvrir l'Amérique », car beaucoup de choses avant nous ont été dites et, c'est un fait, nous sommes les héritiers de vieilles sagesses. Or, face à ces vieilles sagesses, nous avons à être non pas des héritiers passifs mais des héritiers créateurs, c'est-à-dire qui reprennent le flambeau pour le faire briller aujourd'hui, dans les conditions contemporaines, de façon nouvelle, inédite, créatrice grâce aux circonstances du temps présent, avec les formes et les opportunités d'aujourd'hui, avec les forces qui sont les nôtres aujourd'hui.

Mais quelle est donc cette vieille évidence ? Les anciennes sagesses nous rappellent que l'homme n'est rien tout seul, que l'homme est un être de liens : tout seul, je ne peux rien ; l'union fait la force ; si je tombe du ventre de ma mère et qu'il n'y a personne pour me recueillir, je meurs. Je suis obligé, en tant qu'être humain, de passer de matrice en matrice tout au long de ma vie pour aller peu à peu vers l'autonomie. Mais je ne suis pas autosuffisant, je dois passer par la matrice du soin, de la famille, de l'école, de l'éducation et toutes ces matrices vont me faire grandir en humanité et me conduire à m'investir, à révéler en moi ce que l'humain a de plus sublime et de plus subtil. Or chacune de ces matrices forme ce que j'appelle un *écosystème de vies bien reliées*, au sein duquel nous nous offrons mutuellement cette capacité de grandir en humanité. Si nous voulons renouer nos grands liens et réparer le tissu déchiré du monde, commençons par créer, partout où nous vivons et nous engageons, ces écosystèmes de vies bien reliées. Peu à peu se formera un réseau libre à partir de ces écosystèmes…

Si nous voulons aujourd'hui recréer nos liens et respirer à nouveau grâce à eux, il nous faut créer, là où nous sommes et avec les autres, ces écosystèmes. Là où nous vivons en famille, là où se situe notre sociabilité la plus proche, là où nous travaillons, là où nous nous engageons collectivement ou associativement, nous avons autant d'occasions de travailler « grandeur nature », ensemble, à réparer nos liens. La réponse passe donc par le groupe. Mais la réponse commence en nous. Tout part de soi, de ce premier lien à soi. De la libération en soi de la source de toute vie, de toute harmonie, de toute pensée juste, effort juste et action juste.

Se déségotiser

Dans son extraordinaire ouvrage *Le Chemin de l'homme*[3], le philosophe Martin Buber indique que

3. *Le Chemin de l'homme d'après la doctrine hassidique*, Éditions du Rocher, 1999.

« dans la vie spirituelle, il s'agit de commencer toujours par soi vers plus grand que soi » et de « commencer par soi mais ne pas se prendre pour but ». Voilà où se loge la puissance des liens : dans leur capacité à nous hisser vers plus grand que nous-mêmes. Le lien à soi-même n'est pas ainsi un rendez-vous narcissique de l'ego avec lui-même, ni un *ego trip*, c'est une sortie de soi vers l'intérieur, qui m'amène vers quelque chose qui est infiniment plus grand que moi-même en moi-même, comme le disait saint Augustin, la conscience divine, seule réelle. Mais qui a fait cette expérience, qui a vécu cette percée intime ? Socrate, lui, disait : « Connais-toi toi-même, tu connaîtras l'Univers et les dieux. »

La relation à l'autre m'invite elle aussi à aller vers plus grand que moi, à me décentrer, à me « déségotiser », c'est-à-dire à quitter mon ego et à faire davantage attention aux autres. Elle aussi est une école de la transcendance, vers ce qui me transcende au double sens où je vais vers quelque chose qui me dépasse et dans lequel je me surpasse, pour me trouver au-delà de moi-même, ou, comme le dit le sage soufi Rûmî, « je suis entré dans la maison en me laissant au-dehors » et là m'attendait « l'origine de mon origine ». La fraternité, la compassion, le dévouement, la disponibilité, le désintéressement, le partage, le dialogue me conduisent à l'autre et continuent de faire grandir mon lien à moi-même.

Un sage, un poète, un visionnaire

Djalâl-od-Din Rûmî (1207-1273), fondateur de la célèbre confrérie soufie, connue en Occident sous le nom de derviches tourneurs, est à la fois un maître spirituel – désigné en Orient comme « Mawlânâ », le maître par excellence – un poète, un philosophe, mais aussi un visionnaire : avec sept cents ans d'avance, il parle des dangers de la fission nucléaire et de la pluralité des mondes. Ses ouvrages (*Odes mystiques*, *Quatrains*, *Le Livre du dedans*) reflètent son amour de la beauté, sa nostalgie du divin. Son œuvre principale, le *Mathnawî*, vaste théodicée, qui constitue le plus profond commentaire ésotérique du Coran, est encore lue et méditée dans tous les pays de l'Islam.

La nature, enfin, me conduit vers plus grand que moi. Elle m'amène vers ce cosmos qui est presque lui-même l'infini, ou plutôt qui est, dans le miroir de cette existence, ce qui reflète le mieux l'infinie réalité. Cette nature universelle est une grande maîtresse de sagesse, de contemplation…

Créer des écosystèmes de vies bien reliées

Martin Buber dit aussi que l'homme pense toujours qu'il est au mauvais endroit. Toutefois, poursuit-il, l'homme est en réalité toujours au bon endroit mais il ne le sait pas, il ne s'en rend pas compte. Il est donc faussement persuadé qu'il ne peut pas agir, qu'il n'en a pas les moyens, qu'il est impuissant là où il est. Mais si nous savions, pour créer ces écosystèmes dont nous avons maintenant la responsabilité, faire le compte véritable de nos forces avec les autres autour de nous, nous nous rendrions compte que nous sommes peut-être en fait exactement au bon endroit, et que nous pouvons faire bien davantage que nous ne le pensions.

Ce n'est plus l'image du colibri qui agit tout seul, mais l'histoire des petits collectifs, de tous ces petits groupes qui vont nous permettre de créer ce que je l'appelle des arches de Noé où nous allons mettre en terre les semences du monde à venir. Ils vont s'ériger partout où nous vivons, partout où nous agissons, partout où nous travaillons, partout où nous nous engageons. Comme je le dis souvent, il me semble qu'actuellement il vaut mieux être Noé que Moïse. Pourquoi ? Parce que Moïse descend du Sinaï avec la loi et vient annoncer une vérité. Aujourd'hui, allons-nous descendre du Sinaï en annonçant au monde notre vérité, celle du lien à restaurer, de tous nos liens à recréer, à réinventer, alors que ce monde actuel est livré à un vacarme effroyable ? Comment notre voix pourrait-elle retentir dans cette cacophonie ? Est-ce que le vacarme effroyable du monde actuel est prêt à recevoir cette vérité des

Il faut des ténèbres
pour que jaillisse
la lumière.

liens ? Cette évidence qui devrait pourtant en être une pour toute la civilisation si celle-ci avait encore un tant soit peu de bon sens ? Cette évidence qui nous rappelle que nous avons besoin de retrouver le sens et l'usage de la puissance des liens ? Est-ce que la civilisation est prête ? Non, c'est presque impossible de le faire entendre à grande échelle, de le faire valoir au niveau politique.

Mais cette difficulté ne doit pas nous faire renoncer. Elle ne doit pas nous persuader de notre impuissance, ni nous désespérer. Le désespoir est, comme le disait un père chrétien, l'autre démon intérieur, le premier étant l'orgueil. Tous deux nous proposent de nous effondrer au prétexte que le monde va s'effondrer. Or il y a bel et bien quelque chose à faire. Mais nous n'allons pas faire comme Moïse, nous allons faire comme Noé, c'est-à-dire que nous allons agir modestement, là où nous sommes, à notre échelle, les uns avec les autres, dans la multitude de nos petites arches. Peut-être qu'au départ, dans notre petite arche, nous serons deux. Peut-être qu'ensuite, nous serons trois. Il nous faudra sans doute lutter contre le sentiment décourageant que tout cela ne suffit pas et ne suffira pas à transformer le monde. Néanmoins, c'est toujours comme cela que commencent les grandes révolutions, les grands bouleversements ; par de petites émergences.

Je vous invite ainsi à devenir, dès demain, les acteurs de ces petites émergences, les tisserandes et tisserands qui ont entrepris, envers et contre tout, sans se laisser distraire ni décourager, de rester concentrés, focalisés, consacrés à réparer là où ils sont tel ou tel petit bout du tissu déchiré du monde. Et je souhaite que chacun saisisse la graine du lien qui est semée à travers cette petite méditation que je viens de vous proposer, pour la ramener là où il vit, là où il médite et agit, pour la semer dans son écosystème et l'entourer de soins, en attendant patiemment qu'elle grandisse.

Patiemment mais activement, c'est-à-dire en fortifiant en silence toutes ces graines de liens. Elles vont faire renaître le monde, une autre humanité. Car dans l'univers, une loi très simple nous éclaire : quand le déséquilibre s'accentue, quand la dissolution s'aggrave, il se produit quelque chose de si chaotique que les conditions sont réunies pour une renaissance. Il faut des ténèbres pour que la lumière jaillisse. Tôt ou tard, donc, confiance, espérance, le monde que nous connaissons arrivera au terme de ses folies et une renaissance émergera, dont la semence est déjà semée, encore souterraine et invisible, dans les efforts de tous les tisserands et tisserandes d'aujourd'hui, que vous êtes.

TROIS QUESTIONS À ABDENOUR BIDAR

Quel est le lien qui a le plus compté dans votre histoire ?

Le lien à la présence invisible et visible du divin, depuis toujours, en tout, à chaque instant.

Quel lien avez-vous avec la nature ?

Je me suis toujours perçu comme une « force de la nature », au sens littéral de l'un de ses souffles.

En quoi la dimension du lien avec soi-même est-elle importante aujourd'hui ?

Seule la libération de la lumière qui nous traverse à partir du cœur peut maintenant réenchanter le monde.

2.

GRANDIR GRÂCE À L'AUTRE

BORIS CYRULNIK

* *

NEUROPSYCHIATRE, BORIS CYRULNIK A TRANSFORMÉ LA TRAGÉDIE DE SON ENFANCE EN VOCATION DE SOIGNANT. IL EST DEVENU LE SYMBOLE DE LA RÉSILIENCE ET A CONTRIBUÉ À FAIRE CONNAÎTRE CE CONCEPT AUPRÈS DE TOUS.

* *

Nous avons tous besoin des autres. Sans altérité, nous n'avons aucune chance de nous développer. Cela n'est pas une image, une idée abstraite coupée de la réalité. Nous savons qu'un organisme sans altérité s'éteint : un cerveau non stimulé par la présence des autres, par l'affection des autres, par les mots des autres, subit des atrophies cérébrales. Aujourd'hui, avec les capteurs techniques dont nous disposons, nous pouvons photographier le cerveau d'un enfant et constater qu'un cerveau isolé dysfonctionne. C'est moins vrai chez l'adulte, mais cela redevient très vrai chez la personne âgée.

Avec les moyens modernes, on photographie sans difficulté les répercussions physiologiques du déficit d'altérité : l'atrophie des deux lobes préfrontaux, l'atrophie des deux circuits limbiques – qui sont deux anneaux à la face interne des hémisphères, socles de la mémoire et des émotions –, et l'hypertrophie de deux amygdales rhinencéphaliques, situées à la face interne du cerveau, qui sont le socle neurologique des émotions insupportables.

Les émotions de la mère *in utero*

Ainsi, sans la présence d'un autre, je ne peux pas anticiper, je ne peux pas raconter une histoire, je ne contrôle pas mes émotions, je n'ai aucune mémoire, et je passe mon temps à exploser contre moi-même… puisqu'il n'y a pas d'autre. Sans altérité, mon cerveau, ma biologie et mon âme dysfonctionnent. Alors comment se construire progressivement au contact des autres ? Déjà, dans l'utérus, le fœtus reçoit non pas les émotions de sa mère, mais les substances de ces émotions. Par exemple, quand elle est stressée, le cortisol qu'elle produit passe la barrière placentaire.

In utero, la connexion opère déjà entre le développement du cerveau de l'enfant et les émotions maternelles. Quand la mère est stressée, le bébé déglutit un liquide amniotique rempli des substances de ces émotions, toxiques pour son cerveau. Il arrive au monde avec des altérations cérébrales, citées plus haut, qui s'installent à mesure du développement de son cerveau et selon l'état de sa mère, ou, plutôt, du malheur de sa mère. En effet, ces altérations cérébrales ne sont pas dues à la mère, mais bien au malheur de la mère.

Ce malheur peut être des violences conjugales, la guerre, un tremblement de terre ou bien, souvent, une précarité sociale. C'est souvent systémique : ce n'est pas une cause qui provoque un effet, mais une convergence de causes. Quand on arrive au monde, on a déjà une histoire de neuf mois. Une histoire non pas avec sa mère, mais avec les émotions de sa mère, avec lesquelles on a tissé un lien particulier.

La naissance poursuit le lien

Une fois au monde, l'enfant reconnaît la basse fréquence de la voix de sa mère et l'odeur de sa mère – à noter que le liquide amniotique est parfumé, selon l'alimentation, le tabac, si la mère fume lors de la grossesse… –, ce qui participe à le rassurer, lui qui débarque dans un milieu sonore, lumineux, sec, et bien plus froid que celui d'où il vient. On comprend aisément pourquoi, à la naissance, un bébé pleure. Toujours est-il qu'il se sent sécurisé par la présence de la mère, et tout ce qu'il reconnaît d'elle.

Seulement, si la mère est angoissée, rendue malheureuse par la société, son partenaire, ou encore les accidents de la vie ou de la nature, elle interagit moins bien avec le bébé qu'elle vient de mettre au monde. Le bébé se développe dans une niche sensorielle appauvrie et tisse des liens de mauvaise qualité. À l'âge de 10 mois, tous les bébés, quelle que soit la culture, ont acquis un « style d'attachement », qui est imprégné dans la mémoire.

On sait que 70 % des bébés ont acquis un attachement sécure, tandis que 30 % ont acquis un attachement insécure, et, la plupart du temps, c'est parce que la mère elle-même n'a pas été assez entourée ou sécurisée par ses proches, la société, les soignants.

L'attachement, une réalité et une science

Formalisée par le psychiatre John Bowlby, suivi de la psychologue Mary Ainsworth, cette théorie postule que la dynamique de l'attachement se construit dans les très jeunes années de l'enfant (principalement entre 6 mois et 2 ans), entre celui-ci et une figure d'attachement, une personne qui prend soin. Si ces liens affectifs ont pu fournir un sentiment

Sans altérité,
mon cerveau,
ma biologie
et mon âme
dysfonctionnent.

de sécurité à l'enfant, celui-ci développe un « attachement sécure ». À partir de cette base de sécurité, il pourra explorer le monde de manière plus indépendante.
Si l'on est digne d'être aimé, protégé... alors, on mérite de vivre. Protection, attention et réconfort conduisent à la confiance d'un attachement sécure, fondée sur la prévisibilité.
La théorie de l'attachement a exercé une influence très importante en psychologie. Elle a permis de mieux comprendre comment les expériences affectives précoces peuvent influencer la trajectoire socioémotionnelle d'un individu tout au long de sa vie.

L'ontogenèse – c'est-à-dire le développement de l'individu, de la fécondation jusqu'à l'état adulte – se fait alors graduellement, d'abord dans le ventre, qui traduit l'émotion maternelle, puis dans les bras des mères. Évidemment intervient le père, si ce n'est que, dans notre culture actuelle, on ne sait plus définir ce qu'est un père. Est-ce qu'un père est le géniteur ? C'est ce que l'on croit. Mais un petit pourcentage des ADN montre que le mari n'est pas toujours le géniteur. Est-ce qu'un père est un homme ? Pas forcément. Il peut être une grand-mère, ou une conjointe. Aujourd'hui, avec les lois, le deuxième parent, le coparent, qui a la fonction de père, peut être une femme ou un deuxième homme.

C'est pourquoi le mot «père» dépend en grande partie de la culture.

C'est la même chose avec le mot «mère». Est-ce qu'une femme qui donne un ovocyte est une mère? Non. Est-ce qu'une femme qui loue son utérus pendant neuf mois est une mère? Non. Deux hommes peuvent être une bonne mère, et deux femmes peuvent être un bon père.

Les mots et le récit, troisième niche de nos liens

La première niche écologique est donc le ventre des femmes. La deuxième est représentée par les bras des femmes, avec la présence d'un deuxième parent que l'on appelait «père». Quant à la troisième? Elle est la parole.

Nous ne sommes plus des mammifères marins, nous sommes des mammifères parlants. Nous créons un monde avec nos mots, un récit, et nous habitons, chacun à notre manière, le récit que nous avons créé, ou que l'on a créé pour nous. Même si ce récit est coupé de la réalité, nous y croyons quand même. Cette histoire, ces mots agissent sur notre cerveau: une fois que nous créons notre monde, notre cerveau perçoit ce qui l'entoure par le prisme de son monde.

« L'attachement chez les primates »

Dans les années 1950, à une époque où l'importance de l'attachement et du contact pour les bébés était largement sous-évaluée, le psychologue Harry Harlow a mené une expérience sur des macaques rhésus pour étudier le comportement de singes nourrissons séparés de leur mère. Les singes étaient placés dans une cage ou il aveint le choix entre deux substituts maternels : l'un en métal froid, qui fournissait le lait, l'autre, comme une peluche recouverte de tissu doux mais dépourvue de biberon.
Même si le substitut en fil de fer fournissait la nourriture, les singes montraient une préférence marquée pour le substitut doux, sacrifiant le besoin de nourriture pour celui de contact et de tendresse.
Cette expérience a mis en lumière l'importance du contact et du réconfort émotionnel dans le développement de l'attachement.

La neuro-imagerie en atteste. Si on réalise une neuro-imagerie du cerveau d'un bébé et que l'on parle autour de lui, son lobe temporal gauche est en alerte et consomme de l'énergie. Mais si l'on parle directement au bébé, si l'on s'adresse à lui, à ce moment-là, on voit que c'est plus précisément le planum temporal gauche qui dégage beaucoup d'énergie. Et plus on parle au bébé, plus on voit que cette zone s'élargit, c'est-à-dire que l'on sculpte son cerveau, et que l'on transforme la zone des sons en zone de langage.

Parler à un bébé, c'est structurer son cerveau. Ainsi, quand le bébé devenu enfant entre à l'école maternelle – en France à l'âge de 3 ans –, il dispose d'un stock de mille mots. Mais quand on ne s'adresse pas à lui, il commence sa scolarité avec un stock de 200 mots. Devinez lesquels vont devenir bons élèves ! Celui qui possède seulement 200 mots ne comprendra pas toutes les consignes, et il va être humilié de voir ses camarades de classe jouer à apprendre, tandis que la seule chose qu'il risque d'apprendre, c'est à détester l'école.

On voit à quel point les mots parlés agissent sur le cerveau. Puis, en vieillissant, les récits agissent à leur tour sur le cerveau. Des émotions sont déclenchées par ces histoires. Si l'on vous dit que vous appartenez à un peuple de criminels, vous vous sentez criminel ou obligé de vous désolidariser de votre peuple, ce qui va vous poser un problème affectif tout à fait douloureux. Si, à l'inverse, on vous dit que vous appartenez à la race supérieure – parce que vous êtes chauve aux yeux marron comme l'auteur de ces lignes, ou n'importe quel autre critère arbitraire –, vous allez être confiant. On habite donc un récit. Et c'est là toute la différence entre un névrosé qui bâtit un château en

Une mère indienne et sa toute petite fille, totalement abandonnée
dans le sommeil. Province du Bihar.

Espagne, un psychotique qui habite le château en Espagne, et les psychiatres qui touchent les loyers de ces châteaux ! Le monde est très bien organisé…

Tisser et retisser, ou la résilience

Il faut se mettre en équipe pour essayer de comprendre la nouvelle manière de tisser des liens. Si le lien est déchiré, on sait maintenant ce qu'il faut faire pour tenter de le réparer : quand on est mal, on cherche à s'en sortir. Quand on ne cherche pas à s'en sortir – c'est le cas des mélancoliques ou des gens désespérés –, on peut, en s'entourant et en retissant des liens, réveiller en soi l'espoir de s'en sortir et, dans ce cas, réparer un lien déchiré. Tisser et retisser des liens n'est donc pas une affaire individuelle. Cela implique les proches mais aussi la société dans laquelle nous vivons. La résilience n'est pas un catalogue de qualités que posséderait un individu. C'est un processus qui, de la naissance à la mort, nous tricote sans cesse avec les autres.

L'histoire du concept de résilience

Pendant longtemps, les experts ont pensé qu'un traumatisme grave conduisait quasi systématiquement à une psychopathologie : un enfant maltraité devenait presque nécessairement un délinquant, puis un parent maltraitant, voire un criminel. Les faits sont venus contredire ce regard pessimiste, et l'on sait aujourd'hui qu'il existe des processus de reconstruction qui permettent de mener une existence normale malgré les drames personnels. Le terme de « résilience » désigne l'aptitude à survivre à des événements particulièrement douloureux. Selon Boris Cyrulnik, elle est caractéristique d'une « personnalité blessée mais résistante, souffrante mais heureuse d'espérer quand même ».

La chercheuse en psychologie Emmy Werner a mené la première recherche scientifique mettant ce processus en évidence. En 1955, elle part sur l'île de Kauai (Hawaï) pour observer 698 nouveau-nés dont elle suivra le développement pendant plus de trente ans. 201 bébés présentent un risque de développer des troubles, car ils cumulent plusieurs sources de stress (naissance difficile, pauvreté chronique, environnement familial avec disputes, divorce, alcoolisme ou maladie mentale). Mais contrairement à son attente, à l'âge de dix ans, ce tiers grandit sans problèmes particuliers et, une fois adultes, ils ont des relations stables, un travail.

De nombreux autres travaux sur la résilience aboutissent à cette conclusion que Boris Cyrulnik a magistralement contribué à faire connaître par ses travaux et ses livres[4].

4. *Un merveilleux malheur*, Odile Jacob, 1999; *Sauve-toi, la vie t'appelle*, Odile Jacob, 2012.

Les « tuteurs de résilience »

Même s'ils gardent des cicatrices, les humains peuvent donc dépasser des traumatismes graves. Les liens sont un facteur de protection évident, surtout dans les jeunes années. Chez la plupart des enfants résilients à la suite d'une maltraitance, on constate qu'ils ont bénéficié du soutien affectueux d'un proche, que ce soit l'un des deux parents, un oncle, une grand-mère ou un professeur. Boris Cyrulnik a élaboré la belle métaphore de « tuteur de résilience » pour désigner ces personnes qui aident la personne blessée à se reconstruire. De la même façon, les rescapés des camps de concentration ou les otages détenus pendant des mois disent avoir tenu le coup parce qu'ils savaient que leur famille les attendait.

TROIS QUESTIONS À BORIS CYRULINK

Quel est le lien qui a le plus compté dans votre histoire ?

J'ai vécu une période sans liens, pendant la guerre. Un mammifère ne peut pourtant pas se développer ainsi : il a besoin des autres. Les liens qui ont compté à cette époque sont ceux que j'ai développés avec les Justes qui m'ont entouré durant l'Occupation et avec une tante survivante qui a pris soin de moi après la guerre. Elle m'a donné la chaleur affective dont j'avais manqué.

Quel lien avez-vous avec la nature ?

J'ai toujours eu un lien privilégié avec la nature. Quand j'avais 6 ans, alors que mes petits copains dormaient encore, je grimpais sur les lavabos pour atteindre la fenêtre et voir le soleil se lever. Pendant la guerre puis, en institution, après la guerre, je n'avais ni famille ni proches : c'est avec les animaux que j'ai tissé mes seuls liens. L'être humain n'est pas au-dessus de la nature, comme le fait croire la pensée dualiste, il est *dans* la nature. La dernière pandémie l'a montré, si nous continuons à maltraiter la nature et les animaux, nous finirons par mourir avec eux.

En quoi la dimension du lien avec soi-même est-elle importante aujourd'hui ?

Cette question est révélatrice de la culture de notre époque narcissique. Depuis une ou deux générations, le développement personnel prend de plus en plus d'ampleur. Avant, se préoccuper de soi ne concernait que quelques grands bourgeois, quelques aristocrates. Pour 95 % de la population, le développement personnel n'existait pas. La possibilité, pour la plus grande partie de la population, de cet accroissement intérieur possède un effet bénéfique dans son changement d'ethos, de valeurs. Mais elle comporte un autre effet, délétère : le délitement des liens sociaux.

3.

NOUS SOMMES DES ÊTRES DE LIENS

ILIOS KOTSOU & CAROLINE LESIRE

****

ILIOS KOTSOU EST DOCTEUR EN PSYCHOLOGIE,
CHERCHEUR ET AUTEUR.
CAROLINE LESIRE EST DIPLÔMÉE EN ÉTUDES DE GENRE,
AUTRICE ET MÉDITANTE-MILITANTE.

****

Nous l'avons vu, les humains sont des animaux sociaux, incapables de survivre seuls, de vivre et de s'épanouir en dehors du groupe. Nous sommes des êtres de liens qui dépendent les uns des autres et nous avons un besoin intrinsèque d'interagir et d'entrer en relation. C'est dans ce sens qu'Aristote dit des humains qu'ils sont des êtres « politiques[5] ».

---

5. Aristote, *Les Politiques* [IVᵉ siècle av. J.-C.], trad. du grec ancien par P. Pellegrin, GF Flammarion, 1990.

« Il est manifeste, à partir de cela, que la cité fait partie de choses naturelles, et que l'homme est par nature un animal politique. »

Notre espèce, *Homo sapiens*, est apparue il y a environ trois cent mille ans sur le continent africain, au départ un petit nombre d'individus. Puis ces *Homo sapiens* se sont multipliés, développés, déplacés et ont investi l'ensemble de la planète. Cet incroyable succès est notamment attribué à notre extraordinaire capacité à créer des liens et à coopérer[6]. Notre sociabilité est le produit de l'évolution : nous la partageons avec les autres animaux sociaux. Notre cerveau et notre physiologie sont adaptés à la vie en société, favorisant la coopération, la communication et le partage d'informations. Pour la plupart des mammifères, la coopération est limitée aux membres de la famille, les malades ou les moins valides devant se débrouiller seuls. Par contraste, même dans les sociétés de chasseurs-cueilleurs, les mammifères humains coopèrent avec des individus sans liens de parenté et prennent souvent en charge les plus fragiles[7].

---

6. Apicella, C. L., & Silk, J. B., « The evolution of human cooperation », *Current Biology*, 29 (11), 2019.

7. Boyd, R., & Richerson, P. J., « Culture and the evolution of human cooperation », *Philosophical Transactions of the Royal Society B: Biological Sciences*, 364 (1533), 2009.

Un enfant privé de liens ne se développe pas normalement

Dès notre naissance, nous sommes dépendants des autres pour notre survie et notre développement. On pensait autrefois qu'il suffisait de répondre aux besoins matériels des nourrissons pour qu'ils se développent harmonieusement. On sait aujourd'hui qu'ils ont aussi besoin d'interactions sociales et de « nourritures affectives », comme le dit Boris Cyrulnik, pour se développer. Cette dépendance se poursuit par ailleurs tout au long de la vie, sous des formes différentes. De très nombreuses recherches ont montré et confirmé que le manque de liens et d'interactions sociales, dans les premiers mois et les premières années de la vie, avait un effet très néfaste sur le développement ultérieur de l'enfant. Les travaux du psychologue Harry Harlow sur des singes macaques rhésus ont montré qu'il en allait de même chez d'autres primates : la séparation du nourrisson de sa mère a des effets négatifs sur le développement social et émotionnel. Par la suite, il présente des symptômes d'anxiété et se montre moins en interaction avec les autres.

Dans les années 1980, alors que la Roumanie était sous le joug du régime totalitaire de Ceausescu, de très nombreux nourrissons

Les enfants
privés de liens ont
des difficultés à former
des attachements
sécurisants avec
les autres, ce qui peut
influencer leur capacité
à établir des relations
sociales positives.

avaient été abandonnés dans des orphelinats où ils étaient nourris, changés, mais jamais pris dans les bras ni câlinés, sans échange ni interaction autre que les besoins élémentaires. Des chercheurs se sont penchés sur les conséquences de cette privation de liens et de relations stables et affectueuses chez ces enfants[8]. Ils ont découvert qu'en grandissant, ils présentaient un ensemble de difficultés comme des retards de développement cognitif ou des difficultés émotionnelles et comportementales. Ils ont observé des taux très élevés de problèmes d'attention, d'hyperactivité, de mauvaise régulation de soi et d'anxiété[9]. Les enfants privés de liens ont des difficultés à former des attachements sécurisants avec les autres, ce qui peut influencer leur capacité à établir des relations sociales positives à long terme. Ces recherches ont aussi montré que plus l'enfant était jeune lorsqu'il était confié à une famille d'accueil (et qu'il avait donc passé moins de temps de privation affective en

---

8. Zeanah, C. H., Nelson, C. A., Fox, N. A., Smyke, A. T., Marshall, P., Parker, S. W., Koga, S., « Designing research to study the effects of institutionalization on brain and behavioral development: The Bucharest Early Intervention Project », *Development and Psychopathology*, 15 (4), 2003.
9. Troller-Renfree, S., Zeanah, C. H., Nelson, C. A., et Fox, N. A., « Neural and Cognitive Factors Influencing the Emergence of Psychopathology: Insights From the Bucharest Early Intervention Project », *Child Development Perspectives*, 12 (1), 2018.

institution dans ses toutes jeunes années), mieux il se remettait[10].

Les liens demeurent essentiels tout au long de la vie : l'idée que les besoins physiques sont prépondérants par rapport aux besoins sociaux chez les personnes plus âgées est encore largement répandue, et ce malgré les très nombreuses études scientifiques qui suggèrent que les relations sociales participent au bien-être mental et physique tout au long de la vie[11].

L'impact des liens sociaux sur notre espérance de vie

Le lien social joue un rôle crucial dans la santé mentale mais également physique, et ce au point d'influencer considérablement notre espérance de vie ! Lorsque l'on interroge des personnes sur ce qui impacte le plus l'espérance de vie, en citant des facteurs comme le soutien social, l'étendue du réseau social, l'exercice physique et l'obésité, on se rend compte que la majorité d'entre elles sous-estiment

---

10. Nelson III, C. A., Zeanah, C. H., Fox, N. A., Marshall, P. J., Smyke, A. T., & Guthrie, D., « Cognitive recovery in socially deprived young children: The Bucharest Early Intervention Project », *Science*, 318 (5858), 2007.

11. Cacioppo, J. T., Cacioppo, S., « Social relationships and health: the toxic effects of perceived social isolation », *Social and Personality Psychology Compass*, 8 (2), 2014.

Le lien social joue
un rôle crucial dans
la santé mentale
mais également
physique, et ce, au
point d'influencer
considérablement notre
espérance de vie.

considérablement l'impact du soutien social, le classant en dernière position, très loin derrière le tabagisme, alors que c'est en réalité le facteur le plus important !

De nombreuses études montrent que l'absence de soutien ainsi que le fait d'avoir un réseau social limité ont un impact plus important sur la mortalité que la consommation d'alcool, la sédentarité, l'obésité et même le tabagisme (qui a certes un impact très fort, mais moindre comparativement)[12]. Le manque de liens sociaux augmente les chances de décès d'au moins 50 %, un pourcentage qui peut même aller jusqu'à 91 % chez les personnes socialement isolées[13].

L'impact des liens sociaux sur notre bien-être

Une étude scientifique menée à l'Université Harvard illustre de manière frappante l'importance des liens sociaux. Elle est connue sous le nom de

---

12. Haslam, S. A., McMahon, C., Cruwys, T., Haslam, C., Jetten, J., & Steffens, N. K., « Social cure, what social cure? The propensity to underestimate the importance of social factors for health », *Social Science & Medicine*, 198, 2018.

13. Yang, Y. C., Boen, C., Gerken, K., Li, T., Schorpp, K., & Harris, K. M., « Social relationships and physiological determinants of longevity across the human life span », *Proceedings of the National Academy of Sciences*, 113 (3), 2016.

« Harvard Study of Adult Development ». Sa spécificité tient au fait qu'elle suit des personnes tout au long de leur vie en évaluant sur de longues périodes différents paramètres, comme la santé, le niveau de bien-être, les habitudes de vie, la carrière et les relations sociales. Cette étude majeure a débuté en 1938 et se poursuit encore aujourd'hui, ce qui veut dire qu'elle dure depuis quatre-vingt-cinq années : c'est l'une des plus longues études longitudinales sur la santé et le bien-être !

Ses enseignements sont précieux car elle suit des individus depuis l'adolescence jusqu'à un âge avancé – prises de sang, scans du cerveau, dialogues avec les proches –, accumulant des dizaines de milliers de pages de rapports. D'après le professeur de psychiatrie Robert Waldinger, qui dirige actuellement cette étude (c'est la quatrième personne à la diriger), ces résultats peuvent se résumer en une petite phrase : des relations sociales positives nous gardent heureux et en bonne santé !

Selon Waldinger, il y a trois leçons centrales à tirer de cette étude :

- la première révèle que les relations sociales sont bonnes pour nous et que la solitude tue ;
- la deuxième leçon concerne la qualité des relations : le seul fait d'être en couple ou le nombre d'amis ne sont pas l'essentiel – on peut se sentir seul au milieu d'une foule. Ce qui compte, c'est

de vivre au milieu de relations chaleureuses qui nous protègent. L'étude a montré que le facteur qui, à 50 ans, prédit une vie épanouie et en bonne santé à 80 ans (donc trente ans après) n'est pas le niveau de cholestérol mais le niveau de satisfaction dans les relations !

- enfin, la troisième leçon, c'est que les relations sociales ne protègent pas seulement notre corps mais aussi notre cerveau : le fait d'avoir l'impression de pouvoir compter sur l'autre protège du déclin cognitif.

Être en lien, un besoin fondamental

Comme le soleil, l'eau et les nutriments sont essentiels pour la survie et la croissance d'un végétal, les liens sont un nutriment psychologique essentiel pour la croissance et l'épanouissement d'un individu. Selon la théorie de besoins psychologiques de base, la relation fait partie – avec l'autonomie et la compétence – des trois besoins psychologiques fondamentaux. Un nombre impressionnant de recherches scientifiques indiquent comment ces besoins psychologiques jouent un rôle crucial dans notre motivation et notre développement, et ce quelles que soient les cultures.

Être en relation, c'est faire l'expérience du lien et du soin, c'est se connecter de manière chaleureuse et étroite aux autres, et ce dans tous les domaines de la vie[14]. La frustration liée à la relation s'accompagne d'un sentiment d'aliénation sociale, alors que la satisfaction est reliée au bien-être. Une autre étude suggère que les relations (et l'autonomie) conduisent à la gratitude, qui, à son tour, renforce les relations, dans une spirale positive[15].

Une épidémie de solitude

Si les liens sont essentiels à notre épanouissement, l'absence de lien sur notre planète interconnectée est un problème majeur. La solitude touche environ un tiers des personnes dans les pays industrialisés[16]. Aujourd'hui, elle est considérée comme un véritable enjeu de santé publique.

Le dernier rapport du *surgeon general*, le chirurgien général, qui est le poste le plus élevé au sein des services de santé publique des États-Unis, alerte sur l'épidémie de solitude[17]. Elle est bien plus qu'un

14. Vansteenkiste, M., Ryan, R. M., & Soenens, B., « Basic psychological need theory: Advancements, critical themes, and future directions », *Motivation and Emotion*, 44, 2020.
15. Lee, L.-N., Tong, E. M. W., & Sim, D., « The dual upward spirals of gratitude and basic psychological needs », *Motivation Science*, 1(2), 2015.
16. Cacioppo, J. T., & Cacioppo, S., « The growing problem of loneliness », *The Lancet*, 391(10119), 2018.
17. Jaffe, S., « US Surgeon General: loneliness is a public health crisis », *The Lancet*, 401(10388), 2023.

simple sentiment négatif, précise le rapport, elle nuit à la fois à la santé individuelle et à la santé de la société. Une étude qui a analysé 46 054 participants âgés de 16 à 99 ans, vivant dans 237 pays a montré que la solitude augmentait avec l'individualisme, diminuait avec l'âge et était plus élevée chez les hommes que chez les femmes. Les personnes les plus vulnérables étaient les jeunes hommes issus de cultures individualistes[18]. Cela pourrait en partie s'expliquer par les conséquences du patriarcat, qui décourage les hommes de ressentir leurs émotions et les amène à se déconnecter des relations[19]. La solitude est aussi liée aux formes systémiques d'oppression : les populations discriminées, pour des raisons de genre ou de santé, étant plus à risque.

Il semble également que la solitude soit un problème de plus en plus important chez les plus jeunes, alors qu'on a tendance à penser qu'elle concerne surtout les personnes âgées. Une étude internationale sur la solitude à l'école d'adolescents âgés de 15 et 16 ans a montré qu'entre 2012 et 2018, elle avait augmenté dans 36 des 37 pays étudiés. En 2018,

---

18. Barreto, M., Victor, C., Hammond, C., Eccles, A., Richins, M. T., & Qualter, P., « Loneliness around the world: Age, gender, and cultural differences in loneliness », *Personality and Individual Differences*, 169, 110066, 2021.
19. Magnet, S., & Dunnington, C. L., « Emotional Justice as an antidote to loneliness: children's books, listening and connection », *Feminist Theory*, 23(1), 2022.

près de deux fois plus d'adolescents présentaient des niveaux élevés de solitude à l'école, comparé à 2012. Et il semble qu'il y ait un lien avec l'accès aux smartphones et l'utilisation d'Internet à des âges de plus en plus précoces.

Prendre soin des liens dans l'espace public

Alors que les injustices sociales et l'individualisme tendent à déliter le collectif, comment prendre soin de ces liens si essentiels ? C'est bien plus qu'une question personnelle. Les caractéristiques structurelles et sociales de nos communautés peuvent favoriser ou décourager les liens : il s'agit donc aussi d'une question politique, économique et sociétale. L'environnement politique et économique, en ce qu'il joue sur l'égalité et la justice sociale, la lutte contre les discriminations et la valorisation des normes de coopération plutôt que de compétition et d'individualisme, est essentiel. Il va façonner un contexte qui peut favoriser les liens. Cela permet aussi de ne pas oublier que les personnes les plus désavantagées économiquement, celles qui sont racisées, les personnes LGBTQ+, les résidents des zones rurales, les victimes de violence domestique et celles qui subissent des discriminations ou des marginalisations sont plus exposées à la solitude.

Les infrastructures sociales sont également centrales : les parcs, les bibliothèques, les maisons de quartier sont des lieux qui favorisent les connexions. Les transports publics et la manière de structurer l'espace public et l'habitat peuvent aussi soutenir ou déliter ces liens. La création d'habitats communautaires transgénérationnels, où les aînés et les plus jeunes bénéficient tout autant de la richesse et de la différence en matière de connexions sociales en est un bel exemple.

À quoi passons-nous notre temps ?

Par définition, notre durée de vie est limitée et nos journées ne comportent que vingt-quatre heures. Si nous avons les conditions de vie qui nous le permettent, il peut être intéressant de réfléchir à la façon dont nous utilisons ce temps. Les recherches ont montré que le temps que nous passons – en personne, non pas en ligne – avec notre famille, nos proches, nos amis, ainsi que le temps où nous sommes engagés socialement auprès des autres, avait dramatiquement baissé ces dernières années. Et ce au profit du temps en solitaire, non pas un moment de qualité dédié à la contemplation, comme nous y invite Marc Aurèle, mais des heures de consultation d'écrans ! « Tu peux, nous dit Marc Aurèle, à l'heure que tu veux, te retirer en toi-même. Nulle retraite n'est plus tranquille ni moins troublée pour l'homme que celle qu'il trouve en son âme. » Voilà une invitation presque révolutionnaire à l'ère de l'addiction digitale !

Un adulte américain sur trois âgé de 18 ans et plus déclare être en ligne « presque constamment ». En France, en 2022, les Français passent en moyenne 32 heures par semaine (soit l'équivalent de dix-sept années de leur vie !) devant un écran, ce qui correspond à un tiers du temps disponible hors sommeil[20]. Dès 2 ans, un enfant passe chaque jour en moyenne 56 minutes devant un écran. Si le numérique comporte évidemment des aspects positifs, notamment en ce qu'il offre une accessibilité accrue aux informations et aux autres, il peut aussi contribuer à l'isolement et à la déconnexion sociale. Comment pouvons-nous favoriser une éducation numérique qui donne aux individus les outils nécessaires pour naviguer de manière critique et équilibrée dans ces environnements ? Lorsque les médias sociaux sont utilisés pour faciliter les relations, communiquer ou se faire de nouveaux amis, cela peut réduire le sentiment de solitude. En revanche, lorsque les médias sociaux sont utilisés pour remplacer les liens réels par des

20. Baromètre numérique du CREDOC, 2022.

Le temps que
nous passons
avec notre famille,
nos proches, ou ceux
auprès de qui nous
sommes engagés
socialement a
dramatiquement baissé
au profit du temps
solitaire consacré
aux écrans.

interactions en ligne, cela augmente significativement la solitude[21].

La professeure Cassie Mogilner a mené une série d'expériences montrant que lorsque nous sommes focalisés sur l'argent, nous avons tendance à travailler davantage et à moins nous socialiser. En revanche, lorsque nous sommes conscients de cette notion de temps, nous passons plus de temps avec notre famille et nos amis, ce qui conduit à un plus grand bien-être[22]. Elle a aussi mis en évidence ce fait paradoxal que la solution au sentiment chronique de manque de temps serait d'en donner aux autres. En effet, consacrer de l'énergie aux autres accroît le sentiment d'abondance du temps et nous rend plus disponibles[23].

Se lier à plus vaste que soi

Le besoin de relation avec la nature est-il un besoin psychologique fondamental au même titre que la relation aux autres ? Il semble que les effets

---

21. Lim, M. H., Eres, R., & Vasan, S., « Understanding loneliness in the twenty-first century: an update on correlates, risk factors, and potential solutions », *Social psychiatry and psychiatric epidemiology*, 55 (3), 2020.
22. Mogilner, C., « The pursuit of happiness: Time, money, and social connection », *Psychological Science*, 21 (9), 2010.
23. Mogilner, C., Chance, Z., & Norton, M. I., « Giving time gives you time », *Psychological Science*, 23 (10), 2012.

positifs du contact avec la nature soient universels et transcendent les âges et les cultures[24]. Le terme de « biophilie », initié par le psychanalyste Erich Fromm, désigne « l'amour passionné de la vie et de tout ce qui est vivant ». Plus récemment, selon la définition d'Edward O. Wilson, il s'agirait de la « tendance innée à se concentrer sur la vie et les processus semblables à la vie ». L'évolution de l'humanité s'étant produite au contact de la nature, certains chercheurs pensent que tous les êtres humains possèdent une tendance biophilique[25]. La connexion au vivant contribue à la satisfaction dans la vie, mais également aux comportements de durabilité environnementale[26].

Autre signe de notre lien profond, la nature sert de toile de fond à une grande partie de nos souvenirs positifs[27]. Pas étonnant que notre mode

---

24. Hurly, J., & Walker, G. J., « Nature in our lives: Examining the human need for nature relatedness as a basic psychological need », *Journal of Leisure Research*, 50(4), 2019.
25. Gaekwad, J. S., Sal Moslehian, A., Roös, P. B., & Walker, A., « A meta-analysis of emotional evidence for the biophilia hypothesis and implications for biophilic design », *Frontiers in Psychology*, 13, 2022.
26. Zelenski, J. M., & Nisbet, E. K., « Happiness and feeling connected: The distinct role of nature relatedness », *Environment and Behavior*, 46(1), 2014.
27. Chang, C. C., Cheng, G. J. Y., Nghiem, T. P. L., Song, X. P., Oh, R. R. Y., Richards, D. R., & Carrasco, L. R., « Social media, nature, and life satisfaction: global evidence of the biophilia hypothesis », *Scientific reports*, 10(1), 2020.

de vie urbain, déconnecté, nous éloigne du monde naturel, avec les conséquences que l'on connaît sur notre santé et celle de la planète[28]. Comme le dit Jane Goodall : « L'interdépendance est la loi fondamentale de la nature. Rien n'existe en isolement. Nous sommes tous connectés, et notre bien-être dépend de celui des autres. »

Des liens au « prendre soin »

Une étude a été consacrée à la relation d'enfants de 6 à 12 ans avec la nature. Les résultats ont montré qu'ils avaient une appréciation intellectuelle et émotionnelle profondément positive de la nature. Cette relation affectueuse était souvent exprimée à partir d'une perspective d'amitié ou d'amour inconditionnel[29]. Si l'on peut dire que les enfants « tombent amoureux » de la nature, est-il possible de « rester amoureux » de la nature au fur et à mesure que nous grandissons et devenons adultes ?

« Je suis parce que tu es », nous dit le méditant engagé Satish Kumar. Une caractéristique essentielle de la société humaine est que nos vies

---

28. Schiebel, T., Gallinat, J., Kühn, S., « Testing the biophilia theory: Automatic approach tendencies towards nature », *Journal of Environmental Psychology*, 79, 101725, 2022.
29. Kalvaitis, D., & Monhardt, R., « Children voice biophilia: The phenomenology of being in love with nature », *The Journal of Sustainability Education*, 9 (March), 2015.

individuelles sont entrelacées à travers les relations sociales, en lien avec la nature. Le sentiment d'interdépendance, par la reconnaissance de ce fait que nous sommes toutes et tous reliés et interconnectés les uns aux autres et à la nature, peut nous conduire à prendre soin de ces liens.

Comme le dit joliment la sagesse ubuntu : « Tout seul on va plus vite, mais ensemble, on va plus loin. » L'interdépendance, par la reconnaissance des liens réciproques qui nous unissent aux autres formes de vie, favorise la collaboration et la coopération et facilite la création de communautés solidaires et engagées. En expérimentant notre interconnexion avec les autres et la nature, nous développons un sens du bien commun. Nous reconnaissons l'interdépendance entre le bien-être collectif, celui de l'environnement et notre propre bien-être. Espérons que cela puisse nous motiver à prendre des décisions éthiques, à promouvoir la justice sociale et à préserver les ressources naturelles pour les générations futures, et ce dès à présent.

TROIS QUESTIONS À ILIOS KOTSOU ET CAROLINE LESIRE

Quel est le lien qui a le plus compté dans votre histoire ?

Ilios

Ma vie, comme toutes les autres, est une histoire de liens. Les liens qui m'ont manqué, ceux qui m'ont sauvé. Un lien qui a beaucoup compté est celui avec mon amie Patricia. Atteinte d'un mélanome très agressif incurable à l'époque, elle a vécu plus de six années en étant une mère et une amie précieuse pour ses proches. Sa présence authentique, sans fausse pudeur mais sans drames, m'a marqué à jamais. Nos échanges étaient parfois légers, jamais superficiels, et toujours chaleureux. Je ressentais une amitié sans condition, au sein de laquelle nous pouvions tout partager, nos échecs et nos maladresses autant que nos joies, sans crainte d'être jugés.

Caroline

Le lien qui compte beaucoup pour moi en ce moment est celui depuis quatre ans qui se tisse au sein de MamanCercle, une communauté en ligne de mères qui méditent ensemble à chaque pleine lune et nouvelle lune. Nous avons créé cet espace avec Aurélie de Schoutheete, une de mes sœurs de cœur, mais, bien que gardiennes de cet espace sacré, nous sommes vraiment portées par la sororité qui s'y développe. Et ce cercle est aussi la preuve que de vrais liens peuvent se tisser dans des espaces en ligne.

Quel lien avez-vous avec la nature ?

Ilios

J'ai passé mon enfance en montagne, dans les gorges du Verdon, au milieu de la nature. Cela m'a donné, tout jeune, un rapport assez direct avec les éléments naturels : le froid et la neige en hiver, la force du vent, la chaleur parfois accablante en été. Il n'était évidemment pas question, comme pour beaucoup de contemporains, de passer par moments des vacances en nature, c'était mon quotidien. C'est avec le recul, ayant quitté depuis longtemps cet environnement, et vivant en ville, que je prends la mesure de son importance. C'est par le contraste et le manque que j'en apprécie d'autant plus les bienfaits. Méditer dans une réserve naturelle avec le son des oiseaux, me laisser bercer par le chant des vagues au bord de l'océan, apprécier l'horizon lors d'une balade en montagne, autant de petites joies qu'offre la beauté du monde.

Caroline

J'ai vécu mon enfance dans une petite ville belge et, bien que n'étant pas si loin de la campagne, j'ai l'impression a posteriori d'avoir vécu plutôt hors sol. Dans un lien assez distant à la nature, comme décor plutôt que comme élément soutenant et vibrant. C'est depuis ma découverte du travail qui relie que mon rapport au vivant a complètement changé, je ne me sens plus séparée de la nature, elle me soutient beaucoup et, bien que vivant aujourd'hui dans une capitale, je me sens bien plus en lien avec elle.

En quoi la dimension du lien avec soi-même est-elle importante aujourd'hui ?

Ilios et Caroline

Dans notre monde ultra-digitalisé et en accélération constante, la connaissance de soi et la pratique de la présence nous semblent de précieuses ressources. À l'ère des *fake news*, des distractions infinies, de la polarisation sur les réseaux, de l'avènement de l'intelligence artificielle, du consumérisme, se connaître nous semble nourrir la possibilité d'une lucidité, d'une résistance au service d'une potentielle liberté intérieure. Cultiver une forme de présence, c'est s'ouvrir à la possibilité d'être là, là pour vivre cette vie, pour offrir sa présence aux autres, pour prendre soin de ce qui est essentiel.

4.

ÉLOGE DE L'INTERDÉPENDANCE

REBECCA SHANKLAND

* *

PROFESSEURE EN PSYCHOLOGIE DU DÉVELOPPEMENT À L'UNIVERSITÉ LUMIÈRE LYON 2 ET CHERCHEURE, REBECCA SHANKLAND EST AUTRICE DE NOMBREUX LIVRES.

* *

Ces dernières années, la pandémie du Covid-19 a mis en évidence la notion d'interdépendance, en raison de ce phénomène qui s'est propagé tellement rapidement à l'ensemble de la planète, mais aussi parce que les confinements ont entraîné une prise de conscience de l'importance de la proximité sociale. Parallèlement, et c'est une bonne nouvelle, cette période a été l'occasion de développer des relations solidaires, comme on a pu l'observer dans les villages, les quartiers ou encore les immeubles. Des personnes âgées ont ainsi pu être soutenues, tout comme des personnes vulnérables, à qui on a rendu service. Nous avons pris conscience, à travers cette aventure inédite, de l'importance des liens, mais surtout de la présence des proches et de la rencontre avec d'autres personnes, parfois même inconnues.

Elle nous a aussi invités à observer les efforts des uns et des autres, et a valorisé certains métiers invisibles, comme ceux de soignant, de commerçant, de facteur, d'éboueur. Ce travail mené malgré la pandémie par des professionnels ou des particuliers a pu faire émerger l'émotion de gratitude. Les applaudissements aux fenêtres, le soir à 20 heures, en témoignent. Cette émotion de gratitude est essentielle, car elle permet de développer un lien de confiance, terreau favorable de l'interdépendance positive qui apparaît lorsque la relation permet d'avancer ensemble de manière constructive, en faisant émerger le meilleur de chacun. On est en mesure d'oser demander de l'aide lorsqu'on en ressent le besoin, de la même façon que l'on se sent en mesure d'apporter de l'aide à d'autres personnes quand celles-ci en ont besoin.

L'effet Michel-Ange

L'interdépendance positive correspond aux situations dans lesquelles il s'agit d'œuvrer ensemble dans un but commun, et de considérer le « groupe » comme porteur d'une force supplémentaire, un moyen d'être plus efficace et plus pertinent en s'appuyant sur les différences et les complémentarités des diverses personnes qui développent des relations mutuellement bénéfiques. Ces relations font grandir en humanité. On pourrait se référer à ce que l'on appelle l'effet Michel-Ange, soit l'idée que nous nous « modélisons » les uns les autres, et devenons ainsi, grâce à l'influence positive de notre entourage, une meilleure version de nous-même. À partir d'une surface grise, ou blanche, les couleurs et les formes émergent, et il en résulte un magnifique tableau. L'interdépendance positive fait donc émerger les qualités et les compétences de chacun, vers un projet commun.

La vitalité démultipliée

Ce sentiment de proximité relationnelle nous permet de progresser, mais il nous aide aussi à modifier notre perception des situations, et ce dans notre intérêt. Grâce au soutien social, nous considérons que les difficultés que nous rencontrons ne sont pas tant des menaces, mais plutôt des défis à relever. Cela augmente également notre sentiment de vitalité et de ressources à disposition. Une expérimentation, menée par Schnall et ses

Quand on se sent
en confiance
dans la relation,
le meilleur de chacun
peut émerger.

collaborateurs[30], en atteste. Les chercheurs ont sollicité des participants, qui sont venus en laboratoire. Ils pouvaient être accompagnés d'un ami qui soit restait dans la salle d'attente, soit suivait le participant en salle d'expérimentation. Puis on demandait aux participants d'évaluer la raideur de la pente d'une colline. Les chercheurs ont pu constater que les personnes qui étaient avec un ami estimaient la pente moins raide que celles qui étaient seules. En d'autres mots, la simple présence d'un proche diminue le sentiment de difficulté face aux obstacles rencontrés.

L'importance de la proximité physique

Le sentiment de proximité relationnelle est d'abord induit par la proximité physique. Nous pouvons l'observer dès la naissance, comme le montrent plusieurs études conduites auprès d'enfants nés prématurément, dont le risque de mortalité est plus élevé. Un article publié en 2019[31] dans la revue scientifique *The Lancet* relate que les enfants nés prématurés qui bénéficient d'un dispositif Kangourou,

30. Schnall, S., Harber, K. D., Stefanucci, J. K., & Proffitt, D. R., « Social support and the perception of geographical slant », *Journal of Experimental Social Psychology*, 44(5), 1246-1255, 2008.

31. Lawn, J. E, Blencowe, H., Oza, S., *et al.*, *Every Newborn: progress, priorities, and potential beyond survival* « Chaque nouveau-né : progrès, priorités et potentiel au-delà de la survie », *The Lancet*, 384, 2014.

soit d'un peau à peau, contrairement à ceux qui sont placés en incubateurs pour être protégés, présentent 40 % de risque de décès en moins. Cette proximité physique et donc relationnelle rassure et permet la survie. Tout au long de la vie, cette réalité se confirme : chez l'adulte, le simple fait de tenir la main d'un proche diminue la sensation de douleur physique ou morale.

Ce « toucher » est aussi une manière de nous aider à mieux réguler nos émotions. Certaines recherches ont montré que l'enfant développe ces compétences de régulation des émotions à travers la corégulation des émotions, soit grâce à la proximité physique avec l'adulte. Cette corégulation physiologique et émotionnelle va aider, petit à petit, l'enfant à réguler ses émotions par lui-même. L'enfant se sent d'abord apaisé par la proximité physique avec le parent, qui l'aide à réguler les réactions physiologiques liées à l'émotion. Et celui-ci met des mots sur le vécu de l'enfant, ce qui l'aide peu à peu à mieux comprendre et ensuite à réguler plus facilement ses émotions.

L'interdépendance, contrairement à ce que l'on pourrait penser, ne prive pas de liberté. Elle n'est pas synonyme d'autonomie perdue. Elle est une façon de développer au mieux ses compétences afin d'agir de façon autonome sur les situations. Grâce aux autres, grâce à la proximité, nous gagnons en autonomie.

Proximité relationnelle : se connecter les uns aux autres

Au-delà de la proximité physique, il existe aussi le sentiment de proximité relationnelle. Lorsque l'on ne bénéficie pas de ce sentiment de proximité relationnelle et que l'on erre en solitude, cela a des effets sur la santé physique et mentale. Ces problèmes sont notamment liés à la plus grande difficulté à réguler ses émotions et ses comportements quand on manque de soutien social.

Dans une étude menée par Roy Baumeister[32], des participants ont été convoqués pour réaliser une tâche informatisée. À la moitié d'entre eux, les chercheurs ont précisé que cette tâche s'exécutait à plusieurs mais que, les autres ne souhaitant pas collaborer, ils allaient devoir la réaliser seuls, tandis qu'il n'était rien précisé à l'autre moitié. L'objectif était de générer un sentiment d'exclusion sociale.

Après la première expérience, menée en solitaire, les participants ont été conviés à une tâche : goûter des biscuits. Ceux qui avaient vécu un sentiment d'exclusion lors de la première étape ont consommé deux fois plus de biscuits que les

---

32. Baumeister, R. F., DeWall, C. N., Ciarocco, N. J., Twenge, J. M., « Social exclusion impairs self-regulation », *Journal of Personality and Social Psychology*, vol. 88, 1er avril 2005, p. 589-604.

autres. Les chercheurs en ont conclu que l'exclusion sociale entraînait une difficulté à réguler ses comportements.

Cette perception de la proximité relationnelle joue un rôle clé dans notre vie d'adulte, mais aussi dans le développement de l'enfant et pour les apprentissages en milieu scolaire. Nous avons tous en tête des enseignants qui nous ont marqués par leur attention et leur bienveillance envers les élèves. Les recherches montrent que cette relation de soutien des élèves permet d'augmenter la motivation et l'engagement dans les apprentissages. La relation de confiance permet d'augmenter le sentiment de compétence pour réaliser les tâches et apprécier la matière.

Demander de l'aide, une attitude perçue comme une faiblesse

Nous vivons aujourd'hui dans une société qui survalorise l'indépendance, que nous percevons comme le fait de ne pas avoir besoin des autres, et qui nous conduit à tenter de faire sans l'aide d'autrui. Demander ou recevoir de l'aide est perçu comme un signe de faiblesse ou d'immaturité. On se dit qu'il faut arriver à assumer tout, et tout seul! Cette attitude que nous avons tendance à adopter, dans nos familles ou au travail, a un coût pour soi

Dans une relation
de confiance,
les difficultés ne sont
pas tant des menaces,
mais plutôt des défis
à relever.

et pour les autres. En famille, cela multiplie par dix les risques de négligence et de maltraitance.

Aujourd'hui, la question qui se pose est la suivante : comment changer cette représentation ? Comment ne plus considérer l'interdépendance comme un asservissement ? Comment inviter tout un chacun à l'entendre pour ce qu'elle est, soit un état de fait dont nous pouvons nous réjouir, car elle nous permet de mener à bien nos projets et de réaliser nos objectifs, voire des objectifs communs, comme celui de préserver la planète ?

L'interdépendance dès le plus jeune âge

Dans *Ces liens qui nous font vivre*[33], coécrit avec Christophe André, nous avions à cœur de modifier la représentation de l'interdépendance afin d'encourager une culture de l'interdépendance positive, et ce dès le plus jeune âge, comme on peut l'observer au Québec, dans les jardins d'enfants, où on leur propose des projets collectifs pour s'appuyer sur les différences et les complémentarités de chacun. L'entraide est valorisée.

En France, à l'école maternelle, on part du principe que tous les enfants doivent développer

33. Christophe André et Rebecca Shankland, *Ces liens qui nous font vivre. Éloge de l'interdépendance*, Odile Jacob, 2020, et Poches, 2022.

les mêmes compétences au même âge, et y parvenir seuls. Les comportements de coopération, le fait de demander de l'aide à quelqu'un, ou d'en donner, ne sont pas valorisés. Agathe Franchini, dans son travail de thèse[34] mené une enquête et pu mettre en évidence que la compétence de coopération est même dévalorisée dans le contexte scolaire : les enseignants pensent qu'un élève coopératif va moins bien s'en sortir sur le plan scolaire, et dans la vie par la suite, si bien qu'ils ne favorisent pas les comportements prosociaux, mais plutôt le fait de réaliser les tâches ou les projets seuls.

Ce qui se passe au Québec pourrait nous inspirer et s'inscrire comme une perspective dans notre système éducatif, sachant que les recherches ont montré que ce travail pédagogique sur l'interdépendance positive a des effets bénéfiques sur la motivation, l'engagement et la réussite scolaire. Pour cela, on peut utiliser des modèles pédagogiques avec une interdépendance de but – réaliser un exposé ensemble, par exemple, ou une interdépendance de moyen – chaque élève développe des connaissances différentes, qu'il partage ensuite, dans l'objectif d'un apprentissage mutuel.

---

34. « Les compétences sociales et la réussite scolaire des élèves de cycle III : l'effet de l'accompagnement scolaire », 2016. Thèse de Doctorat en Sciences de l'Éducation, université de Dijon.

Comment cultiver ces relations d'interdépendance, dès le plus jeune âge ? De nombreux outils et programmes scientifiquement validés sont à notre disposition pour aller dans cette direction. Ils peuvent nous soutenir dans le développement de compétences relationnelles, comme l'empathie ou l'écoute, mais aussi des compétences cognitives, telles que l'esprit critique ou la capacité à faire un pas de côté pour observer la situation sous un autre angle. La psychologie positive aide à identifier les forces complémentaires chez les autres, plutôt que de toujours épingler leurs défauts. Les pratiques de pleine conscience entraînent, quant à elles, une ouverture d'esprit et une plus grande flexibilité par rapport aux situations de la vie. Enfin, les travaux concernant la gratitude invitent à cultiver la qualité des relations en augmentant les comportements altruistes et de coopération.

Durant la situation de crise sanitaire, avec un collectif de chercheurs et d'associations, nous avons souhaité rendre accessibles ces outils de développement des compétences sociales sous forme de kits pour les écoles maternelles et élémentaires, les collèges et les lycées et, plus largement, les enseignants et les familles. Cette diffusion a pour objectif de sensibiliser à l'importance des liens, notamment au sein de contextes où ces idées sont souvent laissées de côté, comme au travail ou à l'école, puisque l'on image que les relations se font toutes seules et n'ont pas besoin d'être approfondies. La crise sanitaire a représenté pour les enseignants, et plus globalement pour le personnel de l'éducation, l'occasion de s'interroger sur les liens au retour du confinement. Cette remise en route de l'apprentissage est passée, d'abord, par l'accueil du vécu de chacun, des émotions de chacun. Recréer des liens était fondamental.

Un bel exemple d'interdépendance

À titre d'exemple, on peut citer le programme mis en œuvre dans un collège de l'académie de Rennes, le collège du Querpon, situé à Val d'Anast, qui a remporté le prix de l'innovation en promotion de la santé mentale et relationnelle, en septembre 2022. Tout a démarré d'un constat : la baisse de motivation des élèves mais aussi des enseignants. Ces derniers sont de plus en plus nombreux à être en burn-out et à désirer quitter le métier. Face à ce fléau, les équipes pédagogiques du collège du Querpon ont proposé des olympiades, soit des défis solidaires à relever par classes, en équipe, afin de valoriser les comportements prosociaux et d'instaurer, in fine, une meilleure qualité de vie au collège.

Chaque classe s'est emparée d'un thème pour l'année (philosophie, arts…), a travaillé des projets en lien avec la thématique, mais a aussi échangé avec les autres classes. Cela a créé une dynamique positive, au sein de laquelle les forces, la créativité, les différences et les complémentarités de chacun ont été valorisées, dans l'objectif de « mettre de la lumière sur tous les élèves en tant qu'être humain ».

Cette expérimentation dure depuis quatre ans et a totalement changé le climat scolaire. Les relations entre les élèves sont constructives, de même que celles entre enseignants et élèves, mais aussi avec les familles, qui ont été impliquées dans ce projet.

Pour conclure, j'aimerais dire qu'au-delà de cette indépendance positive que l'on peut cultiver entre les humains, le grand défi est aujourd'hui de cultiver cette interdépendance positive en lien avec la nature, avec les mêmes outils de compétences psychosociales, la pleine conscience et la gratitude.

Pour un humanisme des liens en droit,

PAR CATHERINE LE BRIS

Le 23 septembre 2019 aurait pu être une journée historique pour l'environnement et sa protection. Ce jour-là, Greta Thunberg, militante bien connue, a saisi le Comité des droits de l'enfant des Nations unies pour dénoncer l'inaction des États face au changement climatique. Mais l'occasion a été manquée. Le comité a déclaré cette plainte irrecevable.

Dans cette plainte, Greta Thunberg insiste sur le fait que le climat est une préoccupation pour l'humanité tout entière. Elle invoque l'intérêt des générations présentes mais aussi futures. Les droits invoqués sont les droits de l'homme, des droits de nature purement individuelle, comme le droit à la vie ou à la santé. Seulement, les droits de l'homme, qui ont été insufflés par l'esprit des Lumières, sont imprégnés d'une philosophie individualiste, tandis que le climat est l'affaire de tous, et cette dimension collective est complètement occultée sur le plan juridique.

Une plainte ne peut être reçue quand elle concerne une masse de personnes, et d'autant moins si ces personnes ne sont pas encore nées.

Les droits de l'homme présentent des limites, à la fois temporelles et spatiales, qui sont autant d'obstacles à la protection du climat. Ils sont conçus pour protéger les individus d'aujourd'hui, alors que la protection du climat va supposer de se projeter à plus ou moins long terme. Aussi, ils stipulent que chaque État est responsable des violations des droits de l'homme sur son propre territoire. Or, face au dérèglement climatique, on voit bien que le lien entre l'auteur et la violation est dilué ; la montée des eaux sur le littoral français n'est pas seulement due à la politique française.

Pour autant, ce réchauffement peut paradoxalement être vu comme une opportunité, celle d'enrichir l'humanisme juridique. Il s'agit finalement de compléter l'humanisme des droits de l'homme, qui est un humanisme de la liberté et de l'émancipation individuelle, par un humanisme des liens entre les êtres, les générations et les territoires, soit un humanisme de l'interdépendance. Et, pour ce faire, il va falloir reconnaître de nouveaux droits juridiques internationaux : des droits de l'humanité.
Dans l'ordre juridique international, les droits de l'humanité sont émergents. En France, à l'occasion de la COP 21, qui s'est tenue en 2015 à Paris, une déclaration universelle des droits de l'humanité a été élaborée à la demande du président de la République François Hollande, sous la direction de l'avocate Corinne Lepage, ancienne ministre de l'Environnement. Cette déclaration, conçue comme un texte de droit souple, c'est-à-dire non obligatoire, est un premier pas qui porte une lourde charge symbolique. Elle reconnaît plusieurs droits à l'humanité ainsi qu'au vivant. Elle consacre en particulier le droit à l'environnement. Elle énonce aussi plusieurs devoirs à l'égard de l'humanité, et notamment celui de préserver les équilibres climatiques. Ces devoirs vont peser sur les États, les entreprises, les associations, les individus et les autorités locales.
Cette déclaration a été signée par plusieurs villes, autorités locales, personnalités, et il est possible, aussi

pour vous, de la signer en ligne pour la soutenir[35],
pour des droits collectifs et intergénérationnels,
car la solidarité s'exprime dans l'espace mais aussi
dans le temps.

35. Sur https://ddhu.org/.

TROIS QUESTIONS À REBECCA SHANKLAND

Quel est le lien qui a le plus compté dans votre histoire ?

Le lien qui a le plus compté, dès le plus jeune âge, dans les moments de joie comme dans les périodes difficiles, est le lien à mes frères, Luc et Stefan, plus âgés de huit et dix ans. Jusqu'à l'âge de 8 ans, j'étais extrêmement timide et réservée, osant à peine interagir avec des personnes extérieures à ma famille, et j'avais peur de beaucoup de choses : du noir, d'être seule, de parler en public, d'aller à l'école… Tout en étant attentionnés envers moi, mes frères – et mes parents – ont toujours cru en mes compétences et ne m'ont pas enfermé dans cette représentation de quelqu'un qui a peur de tout. Au contraire, ils m'ont emmené dans leurs aventures sportives, culturelles et humaines, m'aidant ainsi à développer un peu plus mon courage, grâce au climat de confiance et de soutien. J'ai progressivement pris confiance dans le fait qu'il était possible de surmonter ses peurs, ou plutôt de s'engager dans des actions importantes, en lien avec ses valeurs, malgré la peur. J'ai ainsi pu bénéficier de ces nombreuses expériences – de l'alpinisme à la découverte de l'art et d'autres pays –, qui ont largement influencé mon parcours de vie et contribué au développement de la personne que je suis. Mes frères sont pour moi des modèles très inspirants, par l'expertise qu'ils ont développée dans leur champ respectif, leur ouverture d'esprit, leur grande créativité et leur humilité. Ils ont été une source de courage, de motivation et de soutien essentielle dans ma vie.

Quel lien avez-vous avec la nature ?

Lorsque je vais dans des grandes villes comme Paris, je suis toujours frappée par le mouvement, les véhicules, les rencontres, et je m'aperçois à quel point la nature offre une forme de vie beaucoup plus paisible et pourtant foisonnante. Elle apaise, comme si toutes les découvertes que l'on peut y faire à travers nos cinq sens n'étaient pas imposées. À chacun de décider à quel point il souhaite s'ouvrir à l'expérience : si l'on tend l'oreille, on peut reconnaître une multitude de chants d'oiseaux, mais si l'on a besoin de se concentrer pour écrire, on n'est pas perturbé en permanence par des bruits intenses, inattendus et désagréables comme dans les villes. La nature nous offre une source intarissable de nouveautés, sans que l'on ait besoin de les acheter. Une variété infinie d'inspiration, d'émerveillement et de gratitude. On a juste à tendre la main et on reçoit : la fraîcheur de l'eau, la douceur d'une feuille, le parfum d'une fleur. À chaque fois que je regarde la nature autour de moi, je me rends compte de la chance immense que l'on a et de l'urgence avec laquelle nous devons agir pour protéger l'environnement.

En quoi la dimension du lien avec soi-même est-elle importante aujourd'hui ?

Dans une société où l'individualisme a pris une place prépondérante, il est important de préciser ce que représente le lien avec soi-même. On ne parle pas ici de narcissisme. Développer des compétences psychosociales, telles que présentées par l'Organisation mondiale de la santé, permet d'être davantage capable de relations constructives à soi, aux autres et de prendre en compte les besoins de l'environnement. Ce sont des compétences cognitives, émotionnelles et sociales. Les premières nous permettent d'être plus conscients de nos forces, de nos limites, de nos valeurs, de nos émotions afin de mieux identifier les ressources sur lesquelles nous pouvons nous appuyer ; ainsi, nous pouvons nous engager dans des actions en cohérence avec nos valeurs fondamentales. Les compétences de gestion du stress et des émotions nous aident à nous rendre plus disponibles mentalement aux autres et à être en mesure d'accueillir des informations nouvelles, y compris difficiles, concernant l'état de dégradation de la planète, sans chercher à se réfugier dans un petit cocon protecteur. Les compétences sociales nous aident à être à l'écoute des besoins des autres, à leur venir en aide et à coopérer en faveur de projets importants, notamment sociaux ou environnementaux.

Cultiver le lien à soi de manière constructive implique aussi une capacité à se décentrer de soi. Il ne s'agit pas de développer un lien qui nous enferme sur nous-mêmes, mais de développer une relation soutenante – on parle aussi de « compassion pour soi » dans les études – de manière à être plus disponible aux autres et à s'engager dans des actions qui ont du sens et apportent une satisfaction. Ce type de lien à soi « décentré », pour reprendre le concept développé par Michaël Dambrun et Matthieu Ricard, permet de prendre conscience que l'on fait partie d'une humanité commune et d'un environnement plus large, qui comprend aussi la nature. Ainsi, dans ce système d'interdépendance, prendre soin de soi est un moyen de mieux prendre soin des autres et de l'environnement et, inversement, de nombreuses recherches ont mis en évidence que les actions altruistes ou de protection de la nature contribuent à améliorer le bien-être de la personne.

5.

PORTER ATTENTION À CEUX QUI NE COMPTENT PAS

FABIENNE BRUGÈRE

****

FABIENNE BRUGÈRE EST PHILOSOPHE, PRÉSIDENTE DE L'UNIVERSITÉ PARIS LUMIÈRE, SPÉCIALISTE DU CARE ET DES QUESTIONS LIÉES AU GENRE.

****

L'éthique du lien, que l'on appelle aussi éthique du care, peut se traduire plus globalement par une éthique du « prendre soin ».

Elle commence avec une conviction, qui est aussi une réalité, à savoir que nous sommes toutes et tous des individus relationnels. J'entends par-là que ce qui compte, c'est ce qui est *entre*, et qui s'élabore patiemment dans le temps, dans l'espace, toujours de manière incarnée et sensible, via des perceptions et des affections. Cet *entre* s'élabore également du fait que nous évoluons en société, et que lorsque nous arrivons quelque part, nous sommes déjà là. Nous sommes déjà là car précédés d'un tissu social, culturel et vivant. Ce tissu, d'une certaine façon, doit nous rendre très modestes sur notre naissance : nous naissons en relation, et, plus fortement encore, nous naissons dépendants. C'est là que s'inscrit l'éthique du lien. Dans cet *entre* qui nous relie.

De l'éthique du lien à l'éthique du care

Mais pourquoi passer de cette éthique du lien à la question du « prendre soin », ou, autrement dit, à tout ce réseau que la langue anglaise a établi autour du care – « to take care of » (prendre soin de), et « to care about » (se préoccuper de) ? Une phrase que j'ai écrite et utilisée dans mon livre *L'Éthique du « care »*[36], nous dit du care qu'« il s'agit de porter le regard vers l'ordinaire, les sujets incarnés et relationnels que nous sommes ».

Appréhender le care, c'est donc regarder les êtres de relation que nous sommes. C'est se situer dans nos vies ordinaires, dans nos vies de besoins.

36. Fabienne Brugère, *L'Éthique du « care »*, PUF, « Que sais-je ? », 2021.

Dans le roman de l'écrivain et Prix Nobel sud-africain J. M. Coetzee, intitulé *L'Homme ralenti*[37], Paul Rayment, un sexagénaire australien, est amputé de la jambe après un accident de vélo. Il doit affronter le handicap, le vieillissement et la solitude que cette adversité lui révèle. Jusqu'à l'arrivée de Marijana, son auxiliaire de vie. Page après page, on découvre alors le récit de sa relation avec cette femme, immigrée croate. C'est aussi l'histoire de leur relation, de l'*entre*, et de la manière dont cette auxiliaire de vie soigne le corps et le moignon du sexagénaire, sur lequel elle veille.

Le care soulève ici les pratiques de soins et tout ce que ces pratiques de soins peuvent porter de positivité de l'*entre*, que l'on pourrait appeler la délicatesse du soin, dans une relation qui fonctionne. Mais les pratiques de soins portent aussi tout ce qui ne fonctionne pas, soit tout ce qui, dans notre société, rend la relation du « prendre soin » parfois difficile, jusqu'à la maltraitance institutionnelle. Il suffit de regarder les pratiques de soins à travers certains métiers, certaines activités, pour comprendre que la relation du « prendre soin » peut être très belle mais aussi difficile, usante, épuisante. L'immigrée croate reste toujours dans le cadre

37. J. M. Coetzee, *L'Homme ralenti*, Éditions du Seuil, 2006.

d'une relation asymétrique avec le sexagénaire infirme, et cela à ses dépens.

Dans le care se trouve aussi la question du souci des autres, ou de la préoccupation des autres, que l'on pourrait analyser, en termes philosophiques, par le concept de disposition: «se disposer à». Je pense précisément à tout ce qui peut constituer une hospitalité, et voici le deuxième exemple que je souhaite partager pour illustrer mon propos: l'accueil réservé aux étrangers par les habitants de la région du Salento, située au cœur du talon de la botte italienne, à la périphérie de l'Europe. Cette région est le Sud qui regarde déjà vers l'Afrique, et, là-bas, lorsque des étrangers arrivent, on leur donne une pomme de pin en signe d'accueil, et on accompagne ce don de la formule «*auguri*», qui signifie «meilleurs vœux!, bienvenue!». C'est ça, l'accueil de l'autre. Malheureusement, l'histoire ne se passe pas toujours ainsi. On sait que sur ces côtes sud de l'Italie, des étrangers arrivent par la mer et meurent parfois dans la Méditerranée.

Il y a donc la bonne partie du care, mais aussi tout ce que notre mondialisation et nos sociétés rendent difficile en termes de possibilité du care. Ainsi, le care est une éthique enracinée dans nos vies ordinaires, dans nos sujets incarnés, mais c'est aussi une affaire politique.

Une morale féminine à remettre sur le devant de la scène

Qu'il s'agisse de prendre soin, ou d'être disposé à, l'éthique du care commence par une capacité à être affecté, par une capacité à l'empathie et à l'altruisme, à la sensibilité et à l'intelligence émotionnelle. *L'entre* se construit dans nos perceptions, nos émotions, ce qui veut dire que prendre soin, c'est commencer par écouter. Or écouter n'est pas facile.

Carol Gilligan, elle, a écouté. Cette philosophe et psychologue féministe américaine est la fondatrice de ce que l'on appelle l'éthique du care. Dans les années 1980, elle a écrit *In a Different Voice* (Harvard University Press), littéralement traduit chez nous par *Une voix différente*[38], ouvrage fondamental au sein duquel elle expose le fruit de ses recherches. Durant dix ans, Carol Gilligan a écouté des femmes et des hommes s'exprimer au sujet de la morale et s'est rendu compte qu'ils n'avaient pas le même rapport au sujet. Les hommes ont un rapport à la morale qui passe davantage par la loi, les principes, tandis que les femmes ont un rapport à la morale qui procède d'une analyse de la situation, du contexte, puis du « comment on peut démêler la

38. Carol Gilligan, *Une voix différente*, Flammarion, 1986.

situation ». Carol Gilligan a alors posé le diagnostic suivant : la « morale des femmes » a été minorée, et quand bien même cela s'explique par l'histoire culturelle de l'assignation des femmes au soin, cette morale mérite de revenir sur le devant de la scène. C'est exactement ce que cette chercheuse a décidé de faire.

Ainsi, au départ, l'éthique du care consiste à remettre sur le devant de la scène une éthique qui a été oubliée face à une raison morale surplombante, que l'on nous a présentée comme étant la seule morale possible. En agissant ainsi, en accordant au care une place différente, on ne défend pas une quelconque éthique féminine, mais plutôt une éthique féministe, voire une éthique de la vulnérabilité : il ne s'agit pas seulement de souligner combien les femmes, parce qu'elles sont des femmes, octroient des soins, mais de capter l'essence même du care pour développer cette notion au regard du lien, de nos liens, et de nos besoins en termes de soutien. Le care, ce n'est pas seulement donner, c'est aussi recevoir. C'est entendre que nous sommes des êtres vulnérables et que c'est exactement là, dans l'interstice de notre vulnérabilité, que le care peut et doit s'exprimer.

Lorsque nous arrivons
quelque part,
nous sommes déjà là
car précédés
d'un tissu social,
culturel et vivant.

Admettre notre vulnérabilité et celles des autres

Ainsi, l'éthique du care naît avec un concept, celui de vulnérabilité. Le terme vulnérabilité vient du latin *vulnus*, qui signifie blessure. Être vulnérable, c'est être blessé, y compris par les autres. C'est, en d'autres mots, être télescopé par tout ce qui survient dans nos sociétés.

Nous sommes toutes et tous plus ou moins vulnérables. Il faudrait enfin reconnaître cette vulnérabilité, et admettre, aussi, que certaines personnes sont plus vulnérables que d'autres. Il existe des épreuves extrêmes de vulnérabilité, telles que la pauvreté, l'exclusion, les ruptures conjugales, les maladies graves ou chroniques, ou encore les catastrophes climatiques. À ce moment-là, l'individu touché est tellement vulnérable que la vie qui se présente à lui est une vie de fractures, comme s'il y avait finalement une rupture dans son identité. Un accident qui fait que, tout à coup, le parcours n'est plus linéaire, et ne peut même plus être narré ; il n'est plus racontable.

La vulnérabilité, nous la connaissons toutes et tous, mais dans certaines situations, elle devient intenable. Voilà pourquoi nous avons besoin de soutien et d'une prise en charge de notre vulnérabilité : pour que nous puissions reprendre une vie, développer à nouveau des capacités, des existences, des modes d'être.

Trouver le « juste care »

Quand on parle de l'éthique du care, et de son rapport à la vulnérabilité, on affirme au passage qu'il existe un « juste care ». Le juste care peut se penser avec le concept d'attention : souvent, nous faisons attention à ce qui est déjà objet d'attention, et donc, d'une certaine manière, nous accroissons l'attention là où elle est déjà portée. Ce que proposent les éthiques du care, ce sont justement des déplacements d'attention. Comment accomplir des changements de perspective et porter notre attention sur celles et ceux à qui nous ne prêtons généralement pas attention ?

Évidemment, cela implique de définir autrement ceux qui comptent ou ne comptent pas. C'est dire, précisément, que ceux qui ne comptent pas doivent compter, et faire en sorte que ceux qui ne comptent pas en arrivent à compter. Mais l'éthique du care peine à se développer dans nos sociétés. Si nous analysons nos systèmes de gouvernance, mais également tout ce qui régit, marque et fixe nos vies quotidiennes, nous sommes *plutôt* dans un monde converti au néolibéralisme. Ça veut dire quoi ? Ça veut dire que l'on nous incite à être des individus

Soins palliatifs à domicile d'un malade souffrant d'un cancer, apportés par Phu Gyalmo une infirmière de la clinique située près du monastère de Shechen, construite en 2000 par Karuna-Shechen.

performants, calculateurs. Ça veut dire que l'on nous apprend que nous sommes individuellement responsables de notre destin, et que, dans ce contexte, il y a celles et ceux qui réussissent, et celles et ceux qui ne réussissent pas. En somme, il y a celles et ceux qui sont dedans, et celles et ceux qui sont en dehors, voire qui sont expulsés, pour citer le très beau livre de Saskia Sassen au titre choc, *Expulsions*. Régulièrement, des groupes et des personnes sont expulsés du système.

À ce néolibéralisme s'ajoutent depuis un certain nombre d'années des formes de néoconservatisme qui renforcent l'influence des identités nationales, mais aussi la différence entre les bons et les mauvais citoyens. Elles réaffirment également les binarités hommes-femmes – qui sont bien sûr des binarités assez patriarcales, plutôt à l'avantage des hommes. Tout cela accentue le risque du repli sur soi, de l'individualisme, de la pensée qui dit que « seul le bonheur privé vaut » ; alors nous construisons nos bonheurs privés.

Ajoutons aussi la succession des crises, que la philosophe Myriam Revault d'Allonnes nomme *La Crise sans fin*[39] : crise économique de 2008, mais aussi crise politique, crise sociale, crise sanitaire

39. Myriam Revault d'Allonnes, *La Crise sans fin. Essai sur l'expérience moderne du temps*, éditions du Seuil, 2012.

avec la pandémie de Covid-19, enfin crise écologique. Nous sommes tenus, de plus en plus, par les crises. Les crises qui, forcément, excitent les peurs, et qui incitent alors au fameux repli sur soi.

Dans ce contexte, il est difficile de pratiquer l'éthique du care. Le care est un défi mondial, qui demande des efforts, et qui provoque aussi beaucoup de fatigue, d'épuisement, même s'il peut y avoir du bien-être derrière tout ça. Mais c'est profondément difficile, et ça l'est d'autant plus que le care ne peut se produire sans politique.

Vers une politique du care

Avant de parler d'une politique du care, parlons des politiques de la vulnérabilité, que l'on peut présenter comme des politiques de résistance et d'agentivité au nom de la vulnérabilité, ou au nom d'une vulnérabilité que l'on pose collectivement, et qui, au lieu de nous transformer en victimes, nous font agir. Ce qui se passe en Iran est un bel exemple : je parle de ces femmes qui jettent leur voile, manifestent avec des hommes, se coupent les cheveux et essaient de faire valoir leur désir d'émancipation. C'est cela, une politique de la vulnérabilité. Elles sont nombreuses, et le féminisme en est une, tout comme les mouvements menés au nom de la précarité.

Mais il faut aller plus loin, car certains individus vont si mal qu'ils ne peuvent accomplir ce mouvement collectif. Pour cette raison, il faut mettre en place des politiques publiques de soutien aux plus vulnérables, qui ont besoin que l'on construise, pour eux, des relations de soutien. Des collectifs qui se rassemblent pour produire ces politiques de soutien sont également nécessaires. Et puis, surtout, il est urgent d'apporter un soutien aux métiers du care, parce que sans eux, notre société s'effondre. Certes, ce n'est pour l'instant pas totalement visible, mais nous avons déjà entraperçu cet effondrement possible au moment de la pandémie. Alors soyons care, malgré tous les défis qui nous attendent.

Je voudrais conclure avec la performance d'un artiste de l'arte povera, Giuseppe Penone : il est couché sur le ventre, dans un tas de feuilles d'arbre, et c'est aussi ça le care. C'est l'horizontalité des relations. Ce geste est une démonstration du prolongement du care à la nature, dont nous pouvons prendre soin. Elle nous montre comment l'humain peut construire des relations horizontales avec la nature, en se projetant dans les feuilles elles-mêmes, et donc en étant « en » la nature. L'*entre*, dont je parlais en introduction, devient, in fine, quelque chose qui a à voir avec l'*en* : être *en* la nature, être « *en* » société. Soyons-*en* !

TROIS QUESTIONS À FABIENNE BRUGHÈRE

Quel est le lien qui a le plus compté dans votre histoire ?

Le lien qui a le plus compté est celui de la maternité. La naissance de mes enfants fut une véritable révolution dans les relations. On sait maintenant que le cerveau se transforme au moment de l'accouchement, avec la réduction d'une zone grise qui permet de mieux s'investir dans l'attachement en train de se faire. Quel que soit ce qui se passe dans le cerveau, la relation parents-enfants apprend la puissance de l'attachement, et dans le même temps, ses servitudes. C'est un amour autre que l'amour-passion, plus durable, essentiel.

Quel lien avez-vous avec la nature?

J'aime contempler la nature, la mer, les paysages méditerranéens principalement. Cette contemplation vaut comme une relation qui n'est pas d'exploitation, mais de respect : respect des arbres, des plantes, des sols, de l'eau. Elle permet d'appréhender le beau, le sublime, de qualifier par la parole une approche non verticale de la nature, non centrée sur l'humain.

En quoi la dimension du lien avec soi-même est-elle importante aujourd'hui ?

Ce qui est essentiel aujourd'hui est de forger une nouvelle figure du souci de soi, un souci de soi toujours en équilibre avec le souci des autres et du monde.

7.

SE REMETTRE EN LIEN : LES POUVOIRS DE LA CONSOLATION

CHRISTOPHE ANDRÉ

MÉDECIN PSYCHIATRE, CHRISTOPHE ANDRÉ A TOUJOURS VOULU METTRE SA PRATIQUE ET SES NOMBREUX LIVRES AU SERVICE DES PATIENTS. LL EST L'UN DES PREMIERS À AVOIR INTRODUIT LA MÉDITATION À L'HÔPITAL.

De multiples raisons nous poussent à écrire des livres. Pour ma part, l'histoire a toujours commencé avec un besoin : besoin d'écrire, besoin de transmettre, besoin de partager.

Mon livre sur les consolations[40] est venu à la suite d'une maladie menaçant ma vie. Ce qui est étrange, mais aussi intéressant, c'est que la maladie,

40. Christophe André, *Consolations. Celles que l'on reçoit et celles que l'on donne*, L'Iconoclaste, 2022.

comme toutes les adversités, est un événement dont on se passerait volontiers, mais qui, une fois passé le stade de l'affliction, du pessimisme, de la colère, de la plainte, nous pousse à nous demander : et maintenant, qu'est-ce que je fais avec ce qui m'arrive ? On s'aperçoit alors que la contrainte et l'adversité deviennent sujettes à réflexion.

Une rupture des liens

En faisant face à cette épreuve capable de raccourcir ma vie, j'ai pris conscience de quelque chose qui peut paraître absurde mais se veut essentiel : la maladie cause du souci, mais elle déchire également un tas de liens.

- Elle rompt d'abord les liens avec les autres : tout à coup, vous sortez de chez le cancérologue et vous croisez des gens dans la rue qui ont l'air contents, qui rient, et vous vous dites qu'ils ont de la chance, qu'ils vont continuer de vivre, tandis que vous, vous allez peut-être descendre du train avant tout le monde.
- Puis les liens avec vous-même : vous êtes en colère contre vous, vous vous demandez ce que vous avez fait pour tomber malade.
- Enfin les liens avec le monde qui vous entoure. Vous êtes moins sensible à sa beauté, à ce qui le rend d'ordinaire attachant.

Tous ces liens sont cassés, ou du moins altérés transitoirement.

Ensuite viennent les soins, mais aussi les consolations. En tant que patient, lorsque j'étais à l'hôpital pour réaliser des examens ou recevoir des traitements, l'angoisse était omniprésente. Dans ces moments-là, j'ai remarqué à quel point de tout petits gestes, de tout petits mots de consolation, qui ne changeaient rien à la situation ou aux résultats du scanner, transformaient pourtant tout: mes ressentis, ma façon de traverser les examens et d'attendre les comptes-rendus.

J'ai passé ma vie, en tant que médecin, à traiter du mieux possible mes patients. Et je me suis aperçu, en tombant moi-même malade, que je ne m'étais pas du tout occupé de les consoler. Ou bien si, mais alors sans doute de façon latérale, inconsciente, sans réfléchir et sans conceptualiser la consolation.

La consolation, un besoin

Quand j'ai commencé à parler de la consolation autour de moi, je me suis rendu compte que c'était un besoin. Je pourrais citer le titre d'un livre, qui n'est pas très réjouissant: *Notre besoin de consolation est impossible à rassasier.* Encore moins réjouissant quand on sait que l'auteur, Stig Dagerman, a fini par se suicider: il ne disait pas ça à la légère, il le pensait réellement.

Ce qui est évident, c'est que la vie humaine nous expose forcément à l'adversité. Même les vies qui ne croisent pas de grandes épreuves connaîtront des deuils, des chagrins, des maladies, le sentiment de solitude, des blessures et des moments de désespoir. Elles nécessiteront cette réparation, à la fois fondamentale et dérisoire, qu'est la consolation.

Une citation du poète Christian Bobin illustre justement cela : « Quelle que soit la personne que tu regardes, sache qu'elle a déjà plusieurs fois traversé l'enfer. » Cela sous-entend que nous aurions toutes et tous intérêt à ne jamais oublier, chaque fois que nous croisons quelqu'un, que cette personne est l'un de nos semblables, c'est-à-dire quelqu'un de sensible, et qui a « plusieurs fois traversé l'enfer », qui sait ce qu'est la souffrance et qui est peut-être, à cet instant, en train de vivre des souffrances qui le rendent plus fragile et beaucoup plus en besoin de consolation que nous ne l'imaginons.

Toujours nécessaire, toujours insuffisante

La consolation ne doit pas être un sujet triste. Il faut accueillir cette capacité que nous avons de pouvoir nous consoler les uns et les autres comme quelque chose de réjouissant et, bien sûr, comme une histoire de « remise » en lien. La question de la consolation se pose dans les deux sens : donner et recevoir la consolation, et c'est en ça qu'elle s'inscrit dans la puissance des liens.

La consolation englobe tout ce que l'on fait pour une personne qui est confrontée à une adversité. Nous ne pouvons rien faire pour résoudre cette épreuve, mais nous ne voulons pas laisser cette personne seule, dans la détresse et l'isolement. En d'autres termes, consoler, c'est s'efforcer de soulager une peine alors que l'on ne peut pas changer le réel. La consolation n'est pas une solution, et voilà pourquoi, sans doute, j'ai longtemps été un mauvais consolateur, notamment dans ma vie privée ; quand mes proches rencontraient des problèmes et que ces problèmes les faisaient souffrir, j'étais obsédé à l'idée de leur apporter des solutions, plutôt que de leur apporter, dans un premier temps, des consolations pour apaiser leur détresse émotionnelle.

Comme le dit le philosophe André Comte-Sponville, la consolation est toujours nécessaire et toujours insuffisante. Toujours nécessaire, car on ne peut pas laisser quelqu'un dans la peine, et toujours insuffisante, car, effectivement, la consolation ne répare pas le réel. Elle s'efforce de réparer « un peu » du chagrin, de la peine et de la souffrance.

Elle est aussi dérisoire : quand on console quelqu'un, il est rarissime – en tout cas, cela ne m'est jamais arrivé – que la personne nous écoute

Consoler,
c'est s'efforcer
de soulager une peine
alors que l'on ne peut
pas changer le réel.

et nous dise, une fois tous nos efforts de consolation déployés : « Tu m'as fait un bien de dingue, je suis totalement consolé, merci beaucoup ! » Cela ne marche pas comme ça. On propose notre consolation, ça ne fait rien, les gens continuent de pleurer. Consoler, c'est simplement permettre à l'autre de pleurer à nos côtés.

Pour autant, la consolation n'est pas vaine. Au départ, certes, la peine l'emporte toujours : ce n'est que petit à petit que, peut-être, nos paroles, nos gestes, notre présence, notre attention feront du chemin et auront un « effet retard », comme on le dit en médecine de certains médicaments. L'action de la consolation sera diluée et étalée dans le temps.

La consolation aussi importante que le bonheur

Évidemment, comprendre la consolation, c'est la définir, mais c'est aussi réfléchir à ce qu'est l'inverse de la consolation, c'est-à-dire la désolation.

Quand on parle de consolation, en général, deux clichés nous viennent à l'esprit.

- Le premier, à l'extrême de la bénignité : consoler un enfant qui a un petit chagrin parce qu'il a perdu un jouet, ou parce qu'il s'est fait mal.
- Le second, à l'autre extrême : la consolation dans le deuil. Il existe d'ailleurs toute une tradition

de la littérature de consolation, qui date de l'Antiquité, et qui consistait à adresser des lettres pour tenter de consoler, de soutenir, de montrer son affection et son estime aux personnes qui traversaient l'adversité. La plupart des grands philosophes de l'Antiquité, comme Sénèque ou Cicéron, ont écrit des lettres de consolation à leurs amis. La tradition s'est maintenue jusqu'à la Renaissance. On essayait, à travers ces lettres, de faire que les endeuillés ne plongent pas dans l'affliction, qu'ils restent dans la vie, que leur chagrin ne les absorbe pas totalement.

Entre ces deux extrêmes, entre la petite désolation qui entraîne une petite consolation, et la grande désolation qui nécessite une grande consolation, se situe une réalité : puisque notre vie est parsemée d'adversités, elle est traversée par le besoin de consolation. La vie, si on la résume de façon drastique, c'est : venir au monde, souffrir très régulièrement, parfois très fortement, et puis mourir. Et puis regarder autour de soi, et voir tout le monde souffrir, souffrir, souffrir, et puis mourir. C'est quelque chose d'incontestable, la vie se déroule vraiment de la sorte.

Et si, entre tous les moments difficiles, les moments de bonheur n'existaient pas, nous ne tiendrions pas. Le bonheur est plus important qu'on ne le croit. Il n'est pas seulement là pour « faire du bien » : il est le seul moyen de rester en vie jusqu'au bout.

C'est un peu la même chose pour la consolation. Elle nous permet de traverser l'existence sans porter trop lourdement le poids de nos blessures et de la désolation. C'est l'hypothèse soulevée dans mon livre : la consolation n'est-elle pas aussi nécessaire que le bonheur ? Le bonheur est le moteur pour garder le goût de la vie, et la consolation est la réparation de toutes nos blessures. Si je ne suis pas consolé, ou si je ne permets pas que l'on me console, se pose le risque de l'amertume – l'amertume d'avoir échoué si je m'en prends à moi-même, l'amertume envers les autres de ne pas avoir été secouru... Cette amertume va continuer de sécréter cette blessure en moi, jusqu'à, peut-être, me couper des autres, en considérant que ces autres ne sont ni une bénédiction, ni une solution, ni une source de consolation.

La consolation pour remettre du lien

Chaque fois que quelque chose me fait mal, chaque fois qu'il y a une douleur, qu'elle soit corporelle ou existentielle, transitoire ou durable, cela déclenche une souffrance – la souffrance est l'impact psychologique de la douleur. Cette souffrance a tendance à nous rétracter sur nous-mêmes, à couper nos liens avec le monde qui nous entoure. Quand on accuse un chagrin d'amour, ou une rage de dents, peu importe le soleil à l'extérieur, peu importe que les fleurs soient belles, la musique émouvante. De tout ça, on se fout : la douleur capte toute notre attention et toute notre énergie.

La conceptualisation de la consolation est une remise en lien. On pourrait schématiser cela en disant que le processus de consolation, c'est être consolé par tout ce qui nous reste, par rapport à tout ce que nous avons perdu. C'est un processus complexe, qui suppose d'abord que l'on ait perdu quelque chose – des illusions, une partie de notre santé, une relation avec une personne ou cette personne – pour redistribuer, ensuite, notre possibilité de porter l'attention sur ce qui malgré tout nous reste.

Je voudrais partager un très beau moment de consolation, qui illustre parfaitement cette redistribution de l'attention. C'est un moment à la fois émouvant et intelligent. Anne-Dauphine Julliand, qui a perdu deux petites filles d'une maladie génétique, raconte dans son livre *Deux petits pas sur le sable mouillé*[41] une scène avec sa fille en train d'agoniser

41. Anne-Dauphine Julliand, *Deux petits pas sur le sable mouillé*, Les Arènes, 2011.

Le bonheur
est le moteur pour
garder le goût
de la vie,
et la consolation est
la réparation
de toutes nos blessures.

sur un lit d'hôpital. Elle ne peut pas s'empêcher de se tourner vers l'infirmière et de lui demander : « Comment vous la trouvez ? » L'infirmière comprend que cette maman attend des informations médicales, de l'espoir. Mais elle comprend aussi, finalement, que l'enjeu n'est pas seulement médical, et alors, elle a l'intelligence de répondre : « Belle, je la trouve belle. » C'est exactement ce qu'il faut faire à ce moment-là. L'enjeu est de redistribuer l'attention de la maman vers la personne de sa petite fille et non vers son état de santé.

Cet exemple est génial, inspirant, mais terrifiant, évidemment. On se pense incapable d'avoir un tel génie, une telle intuition, et on n'a pas tort.

Comment consoler ?

L'important, dans la consolation, c'est d'être là. La plupart des gens disent que leur premier problème avec la consolation est la peur de mal faire, de dire des bêtises, de mal consoler. C'est vrai, assez souvent, on console mal. J'ai entendu beaucoup d'histoires de consolations totalement ratées. Mais quand on console mal, que l'on y va de propos inadaptés ou de phrases à la noix, on remet de la vie dans la personne affligée. On la met en colère, on la fait rire, on lui donne envie de nous coller une claque. On la ranime, en quelque sorte, on la désincarcère de son pur chagrin. Si je ne console pas, que je ne suis pas là, avec mes bêtises et ma maladresse, il me semble que l'erreur est bien plus grande que ne peut l'être une maladresse.

Les règles sont simples : il suffit d'être là et d'essayer de manifester son attention, son affection. Ceux qui sont les plus doués pour ça peuvent exprimer leur tendresse, dire à l'autre tout ce qu'il représente pour eux. Ceux qui ne sont pas très doués peuvent simplement être là, poser une main sur l'épaule, ou s'asseoir à côté de leur proche et respirer avec lui, pleurer avec lui.

L'action, aussi, est importante. Quand quelqu'un a beaucoup de chagrin, nos paroles ne peuvent pas grand-chose, mais on peut suggérer à la personne en détresse d'aller marcher ou de l'aider à accomplir des tâches qui lui pèsent, comme faire des courses, le ménage. Ce soutien est de la consolation, c'est la preuve de notre affection, de notre présence et de notre souci de consoler.

Certaines personnes n'aiment pas qu'on entre dans leur chagrin. La consolation est pour elles une effraction. Quand vous consolez quelqu'un, vous entrez dans sa peine, et, parfois, la personne triste n'a pas envie qu'on la dérange dans sa tristesse. La tristesse est une expérience personnelle, et, parfois, on ne peut la traverser que seul, ou bien préférer rester seul. Dans ce cas, la consolation à distance fonctionne, on peut envoyer des messages. Pour certaines personnes, cette consolation à distance peut représenter une aide très importante : elles font le boulot toutes seules, mais elles entendent qu'on les aime et que l'on pense à elles.

Une surdouée de la consolation

Dans une lettre à Gustave Flaubert, l'autrice George Sand révèle un sens de l'amitié et un art de la consolation hors du commun. Déjà gravement malade au moment où elle rédige cet éloge du lien, elle sait trouver les mots pour lui apporter le réconfort dont il a besoin.

« Nohant, 8 décembre 1874,
Pauvre cher ami,
Je t'aime d'autant plus que tu deviens plus malheureux. Comme tu te tourmentes et comme tu t'affectes de la vie ! Car tout ce dont tu te plains, c'est la vie ; elle n'a jamais été meilleure pour personne et dans aucun temps. On la sent plus ou moins, on la comprend plus ou moins, on en souffre donc plus ou moins, et plus on est en avant de l'époque où l'on vit, plus on souffre. Nous passons comme des ombres sur un fond de nuages que le soleil perce à peine et rarement, et nous crions sans cesse après ce soleil, qui n'en peut mais. C'est à nous de déblayer nos nuages.
Tu aimes trop la littérature ; elle te tuera et tu ne tueras pas la bêtise humaine. Pauvre chère bêtise, que je ne hais

pas, moi, et que je regarde avec des yeux maternels ; car c'est une enfance, et toute enfance est sacrée. Quelle haine tu lui as vouée ! quelle guerre tu lui fais !
Tu as trop de savoir et d'intelligence, tu oublies qu'il y a quelque chose au-dessus de l'art : à savoir, la sagesse, dont l'art à son apogée n'est jamais que l'expression. [...]
Il y a une personne qui pourrait te modifier et te sauver, c'est le père Hugo ; car il a un côté par lequel il est grand philosophe, tout en étant le grand artiste qu'il te faut et que je ne suis pas. Il faut le voir souvent. Je crois qu'il te calmera : moi, je n'ai plus assez d'orage en moi pour que tu me comprennes. Lui, je crois qu'il a gardé son foudre[42] *et qu'il a tout de même acquis la douceur et la mansuétude de la vieillesse.*
Vois-le souvent et conte-lui tes peines, qui sont grosses, je le vois bien, et qui tournent trop au spleen. Tu penses trop aux morts, tu les crois trop arrivés au repos. Ils n'en ont point. Ils sont comme nous, ils cherchent. Ils travaillent à chercher.
Tout mon monde va bien et t'embrasse. Moi, je ne guéris pas ; mais j'espère, guérie ou non, marcher encore pour élever mes petites-filles, et pour t'aimer, tant qu'il me restera un souffle. »

42. Au masculin, le mot « foudre » désignait un attribut de puissance divine (chez le dieu romain Jupiter, par exemple), constitué de plusieurs éclairs stylisés, réunis en faisceau et terminés par des flèches.

Les voies de consolation et d'autoconsolation

Chaque fois que quelqu'un vient vers nous, s'assied à côté de nous, nous permet d'avoir du chagrin et nous dit des choses réconfortantes, c'est le *must* absolu. C'est la nécessité absolue. Mais on ne peut pas toujours rester avec quelqu'un à nos côtés. On ne peut pas toujours rester à pleurer dans les bras des personnes qui nous aiment, donc on va s'enclencher dans ce que j'appelle les autoconsolations. Il s'agit de tous les petits efforts que l'on va faire pour se réconcilier avec la vie et avec le monde qui nous entoure.

Ces autoconsolations sont nombreuses :

- Ce qui autoconsole la plupart des humains, c'est le contact avec la nature. On sait plus ou moins pourquoi : la nature réveille en nous un sentiment d'appartenance, là où la souffrance, à l'inverse, nous rétracte sur nous-mêmes. La nature, par sa beauté, par sa générosité, par sa simple présence, ouvre notre attention à notre écosystème naturel. Elle a un effet direct et apaisant sur notre cerveau, et plus exactement sur les zones émotionnelles de notre cerveau.

- Le contact avec les animaux est aussi une autoconsolation que j'ai retrouvée chez beaucoup de personnes qui m'ont confié ce qui les consolait. Regarder un chien courir, fou de joie, peut avoir un effet réjouissant et pacifiant.

- Tout ce qui est action et divertissement est salvateur, même si cela peut paraître dérisoire. Ranger, faire des courses ou marcher sont des activités qui suspendent la douleur et remettent en mouvement. Il ne faut pas avoir peur des gestes simples. Le grand problème de la détresse est d'immobiliser la personne dans sa souffrance. Cette dernière stoppe les interactions, les actions, et arrête d'avancer dans sa vie.

- L'art est un domaine qui console. Quand on a du chagrin, on aime écouter de la musique, d'ailleurs on commence souvent par écouter de la musique triste, comme si nous avions besoin de plonger dans notre tristesse, pour mieux la traverser et s'en libérer ensuite. Beaucoup d'études, aussi, montrent l'effet consolant et réparateur de la lecture et de l'écriture.

- La méditation, bien évidemment, qui permet de se reconnecter au monde qui nous entoure et au présent. Le bouddhisme, terreau de la méditation de pleine conscience, insiste beaucoup sur le rapport que nous avons à la souffrance, et sur l'importance de comprendre ses mécanismes et ses voies de libération, qu'il s'agisse de la méditation prolongée, pour se reconnecter au monde qui nous entoure, ou de brefs instants, durant lesquels on se rend tout à coup présents à ce même monde qui nous entoure, ne serait-ce que le temps de quelques carrés de chocolat à avaler.

- Le narratif, et par « narratif », j'entends tout ce que l'on se raconte à soi-même. Quelle direction cette adversité me montre-t-elle ? Je suis médecin et j'ai toujours été allergique aux discours qui prétendent que l'on ne tombe pas malade par hasard. La maladie peut nous aider, plutôt, à reconsidérer la vie que l'on a menée jusqu'à présent, et à concevoir la façon dont on veut la construire ensuite. C'est précieux. On peut aussi se raconter de belles histoires, se bercer d'illusions réconfortantes, comme lorsque l'on reste en lien avec des personnes disparues, qui se manifestent à nous sous la forme d'anges gardiens, ou de paréidolies, soit le fait de voir apparaître un visage dans le paysage, les nuages… David Servan-Schreiber, qui est décédé il y a une dizaine d'années, partageait dans son dernier livre[43] un message à ses

43. *On peut se dire au revoir plusieurs fois*, Robert Laffont, 2011.

proches, qui disait : « Chaque fois que vous sentirez le vent caresser votre visage, dites-vous que c'est moi qui viens vous embrasser. » Le degré de croyance à ces histoires que l'on se raconte appartient à chacun. Ce qui m'intéresse, en tant que soignant, ce sont leurs bienfaits. Chaque fois que l'on se relie à quelqu'un qui est disparu, en croyant entendre sa voix ou lui en dédiant un moment que nous sommes en train de vivre, c'est consolant.

- La foi est une des formes les plus abouties de cette manière de se raconter des histoires, même si elle n'est pas que cela. Si on l'examine d'un point de vue seulement psychologique, la foi et les religions en général sont de formidables sources de consolation, par tout un tas de mécanismes, que l'on peut synthétiser par cette phrase lumineuse de Paul Claudel : « Dieu n'est pas venu supprimer la souffrance, il n'est même pas venu l'expliquer, il est venu la remplir de sa présence. » Quand on est croyant, ce genre de phrase est bouleversant, parce que l'on est au cœur de la consolation. Dans la consolation, rien n'est effacé, rien n'est réparé, mais rien n'est comme avant non plus, car une présence est à nos côtés et, tout à coup, la possibilité de regarder la suite des événements de manière moins désespérée s'ouvre à nous.

Se laisser consoler

Toutes ces histoires de remises en lien ne dépendent pas que de personnes autour de moi, elles dépendent aussi de moi. Si je n'ai pas été consolé, si j'ai une vision du monde trop centrée sur moi-même et pas assez sur l'interdépendance, je n'accepterais pas de voir et de recevoir les consolations qui me sont adressées.

Pour illustrer cela, et conclure, voici une autre citation de Christian Bobin: « C'est clair: tout ce que j'ai, on me l'a donné. [...] Alors, pourquoi, parfois, une ombre, une lourdeur, une mélancolie ? Eh bien, c'est qu'il me manque le don de recevoir[44]. »

44. Christian Bobin, *Autoportrait au radiateur*, Gallimard, 1997.

TROIS QUESTIONS À CHRISTOPHE ANDRÉ

Quel est le lien qui a le plus compté dans votre histoire ?

Dans mon enfance, sans doute le lien avec mon grand-père maternel : dans une famille où il y avait beaucoup de souffrances, d'anxiété, de dépression, il représentait une grande personne toujours bienveillante et émotionnellement stable. Il me faisait partager ses activités quotidiennes, me racontait des histoires, savait m'émerveiller. Plus tard, le lien avec mes trois filles a été d'une force incroyable, avec un mécanisme inverse : je me sentais responsable d'elles et dans le devoir de leur offrir le meilleur de moi-même, ce qui m'a aidé à progresser sur un plan personnel.

Quel lien avez-vous avec la nature ?

Un rapport animal : je ne peux pas habiter loin de la nature, qu'il s'agisse d'un bois ou d'un bord de mer. Récemment, un de mes amis proches a quitté Paris pour habiter au bord du Cher; nous avons fait une longue balade sur le chemin de halage bordant la rivière, et je me suis senti heureux pour lui: il pourra chaque jour marcher des heures entre les arbres et le fil de l'eau, sa vie sera belle quoi qu'il arrive!

Un rapport contemplatif, aussi: régulièrement, je m'assieds sur un petit banc dans mon jardin et je me contente de regarder passer les nuages et d'écouter les chants d'oiseaux et la rumeur de la vie. Il me semble que mon âme respire.

En quoi la dimension du lien avec soi-même est-elle importante aujourd'hui?

Notre vie intérieure est menacée par la vie – ou la pseudo-vie – digitale: l'addiction aux écrans est un immense danger qui menace notre écologie psychique. Pour bien vivre, il faut s'oublier et ne pas être toujours plongé en soi-même. Mais pour s'oublier, il faut s'être rencontré, et nous ne nous rencontrons plus vraiment; nous devenons des pantins amnésiques manipulés par ces petites prothèses cérébrales que sont nos téléphones.

7.

TOUT EST INTIMEMENT LIÉ

MATTHIEU RICARD

* *

MOINE BOUDDHISTE, PHOTOGRAPHE,
AUTEUR ET TRADUCTEUR, MATTHIEU RICARD
A FONDÉ L'ASSOCIATION KARUNA-SHECHEN ET CONSACRÉ
SA VIE À CE PROJET HUMANITAIRE.

* *

Si nous étions parfaitement seuls, pour toujours, presque rien n'aurait de sens, comme le souligne en ses mots Abdennour Bidar (Chapitre 1). Une telle aberration m'évoque l'image de quelqu'un suspendu dans l'espace, seul, en pleine intégrité physique et mentale : l'amour n'aurait pas de sens, l'amitié, le sentiment d'appartenance, le partage, la transmission n'auraient pas de sens. Il est clair que notre bonheur, comme notre mal-être, passe nécessairement par les autres. Il s'accomplit avec les autres, et au travers des autres par le jeu de l'interdépendance.

L'une des composantes essentielles de notre interdépendance, c'est l'aspiration commune au bonheur. Aucun être ne se réveille le matin en se disant : « Puissé-je souffrir toute la journée et toute ma vie. » Ce dénominateur commun est l'une des caractéristiques de notre humanité partagée, et, lors de la pandémie, nous avons assisté à une prise de conscience de cette humanité commune : aux premières heures du confinement, j'étais au Népal, dans mon ermitage, bienheureux devant deux cents kilomètres d'Himalaya, et j'apprenais en écoutant la BBC que le gouvernement anglais avait créé un site pour inciter les gens à se porter volontaires pour conduire des personnes âgées à l'hôpital si besoin, ou leur fournir un dîner le soir. En deux jours, pas moins d'un million de personnes se sont proposées comme bénévoles. Ainsi, malgré ces temps de crise et bien que nous devions garder des distances physiques, cette humanité commune émergeait à travers un rapprochement des bonnes volontés.

Comment tout est nécessairement relié à tout

Selon le bouddhisme, le concept d'interdépendance revient à dire que rien n'existe en soi et que rien ne peut être sa propre cause. Lorsque l'on dit qu'un phénomène « surgit en dépendance de... », on élimine ainsi les deux extrêmes conceptuels que sont le nihilisme et le réalisme matérialiste. En effet, puisque les phénomènes se surgissent, ils ne sont pas non existants, et puisqu'ils surgissent « en dépendance d'une autre chose », ils ne recouvrent pas une réalité douée d'existence autonome. L'interdépendance est donc incompatible avec des notions telles que l'éternité et le néant, ainsi que la naissance et la disparition de quelque chose qui existerait en soi. Une chose ne peut surgir que si elle est reliée, conditionnée et conditionnante, coprésente et coopérante, et en transformation continuelle. L'interdépendance est intimement liée à l'impermanence des phénomènes.

La compréhension de cette interdépendance universelle est la source même de l'altruisme le plus profond. En comprenant à quel point notre existence physique, notre survie, notre confort, notre santé dépendent des autres et de ce que nous fournit le monde extérieur – remèdes, nourriture, etc. –, il nous est facile de nous mettre à leur place, de vouloir leur bonheur, de respecter leurs aspirations et de nous sentir intimement concernés par l'accomplissement de ces aspirations. La supériorité de l'altruisme sur l'égoïsme ne repose donc pas seulement sur des valeurs morales, mais aussi sur le bon sens et sur une juste perception de la réalité.

La connaissance, ou la sagesse, est la juste compréhension de la réalité, à savoir le fait que tous les phénomènes résultent du concours d'un nombre illimité de causes et de conditions sans cesse changeantes. Comme un arc-en-ciel qui se forme lorsque le soleil brille sur un rideau de pluie et s'évanouit dès que l'une de ces conditions disparaît, les phénomènes existent sur un mode essentiellement interdépendant et n'ont pas d'existence autonome et permanente.

Quand le bouddhisme et la physique quantique se retrouvent

L'une des plus fascinantes discussions que j'ai pu avoir avec de grands physiciens, comme Trinh Xuan Thuan et Nicolas Gisin, concerne la correspondance entre le concept d'interdépendance et la démonstration par la physique quantique que la réalité n'est pas constituée d'un ensemble d'éléments autonomes doués de propriétés intrinsèques qui leur appartiennent en propre (ce que les physiciens appellent des « propriétés locales »), mais qu'elle est globale et interdépendante, « intriquée », selon l'expression consacrée. Cette intrication est la caractéristique principale de la mécanique quantique. Les phénomènes quantiques n'interagissent pas entre eux de manière séquentielle dans le temps et l'espace au sein d'une réalité limitée et localisable tout en cessant de se coordonner au-delà d'une certaine distance : ils sont essentiellement connectés. Déterministe convaincu, Einstein ne pouvait accepter le rôle primordial que la mécanique quantique attribuait au hasard. « Dieu ne joue pas aux dés », dit-il. C'est à cette fin qu'il conçut une célèbre expérience de pensée avec Boris Podolsky et Nathan Rosen. On appelle cette expérience le paradoxe EPR, d'après les initiales de ces trois auteurs.

En 1982, Alain Aspect et son équipe effectuèrent une série d'expériences sur des paires de photons afin de tester l'effet EPR : un atome est stimulé de manière à émettre simultanément deux photons dans des directions opposées. Le spin d'un photon est une caractéristique quantique des particules intimement liée à leurs propriétés de rotation. Or, au niveau quantique, les spins de ces photons intriqués n'ont pas de direction définie avant d'être détectés. C'est uniquement une fois qu'ils sont observés qu'une direction de leur spin est déterminée. Or, à ce moment, les photons sont séparés dans l'espace, et pourtant la détection de l'un comme de l'autre indique bien deux directions strictement opposées, comme s'ils s'étaient communiqué la direction de leur spin instantanément. Il est possible de montrer expérimentalement qu'aucune information ne peut avoir été transmise et que la similarité de leurs comportements ne résulte pas d'une « cause commune » qu'ils auraient transportée avec eux en se propageant dans l'espace et le temps. Il y a donc coordination sans communication.

Cette globalité va à l'encontre des prédictions d'Einstein et contredit deux lois fondamentales :
- *le principe de « localité »,* selon lequel les objets ne sont influencés que par leur environnement immédiat (quelle que soit la distance à laquelle les photons sont détectés, le résultat est le même : leur spin se détermine l'un par rapport à l'autre),
- *et la loi de la relativité restreinte* (si les photons se « communiquaient » leur spin instantanément, ils devraient le faire soit plus vite que la vitesse de la lumière, déterminée comme indépassable, soit en « remontant » le temps).
En 1998, le physicien suisse Nicolas Gisin vérifia cette hypothèse sur de longues distances. Les deux particules, aussi éloignées soient-elles l'une de l'autre, continuent à faire partie d'une même réalité globale hors de l'espace-temps. Les physiciens appellent cette situation la « non-séparabilité ». La nature est donc « non locale ». Cette constatation devrait avoir d'immenses conséquences sur la façon dont nous percevons ordinairement le monde comme étant constitué d'entités autonomes douées d'existence intrinsèque. Si les phénomènes sont intimement reliés et apparaissent en dépendance les uns avec les autres, rien n'existe en soi et par soi.

Cette notion remet en cause notre perception du monde

Cette connaissance ne satisfait pas uniquement une curiosité intellectuelle, son but est essentiellement thérapeutique. Comprendre l'interdépendance permet notamment de détruire le mur illusoire que notre esprit a dressé entre soi et autrui. Cela met en évidence les fondements erronés de l'orgueil, de la jalousie et de la malveillance. Tous les êtres étant interdépendants, leur bonheur et leur souffrance nous concernent intimement. Vouloir construire son bonheur sur la souffrance d'autrui est non seulement immoral, mais irréaliste. L'amour et la compassion universels sont des conséquences directes d'une juste compréhension de cette interdépendance.

C'est là que la force de l'expérience prend toute sa valeur. Il ne suffit pas de découvrir scientifiquement que les phénomènes sont interdépendants : notre esprit doit assimiler les implications de cette découverte, et notre vie doit s'en trouver transformée. La réalisation vécue de l'interdépendance se traduit par une compassion sans limites envers tous les êtres et modifie notre existence jusque dans sa fibre la plus intime.

Comme le dit le dalaï-lama : « Nous avons l'habitude de penser que tout ce qui nous arrive de bon comme de mauvais provient d'une cause unique, d'une entité indépendante. Quand l'expérience est plaisante, nous nous attachons à sa cause présumée ; quand elle est déplaisante, nous éprouvons de la répulsion envers elle. Quand nous comprenons que tous les phénomènes résultent de l'interaction de nombreuses causes et conditions, extérieures et intérieures, l'attirance et l'aversion ne trouvent plus d'objet évident vers lequel se diriger et ne naissent plus avec la même facilité[45]. »

Une influence universelle

Selon le philosophe et physicien autrichien Ernst Mach (qui a donné son nom à l'unité de mesure des vitesses supersoniques), la masse d'un objet – la quantité qui mesure son inertie, c'est-à-dire sa résistance au mouvement – est le résultat de l'influence de l'univers tout entier sur cet objet. C'est ce qu'on appelle le « principe de Mach ». Lorsqu'on peine à pousser une voiture, la résistance qu'elle exerce au mouvement émane de la totalité de l'univers.

Mach n'a jamais formulé en détail cette influence universelle mystérieuse, qui est distincte de la gravité, et personne n'a su le faire depuis. Tout comme l'expérience EPR l'a établi pour le monde subatomique, celle du pendule de Foucault nous force

45. Traduction d'un enseignement oral donné par le dalaï-lama à Bodhgaya en Inde en 1985, sur la Marche vers l'Éveil de Shantideva.

à admettre qu'il existe dans le monde macroscopique une interaction d'une tout autre nature que celles décrites par la physique que nous connaissons : une interaction qui ne fait intervenir ni force ni échange d'énergie, mais qui relie l'univers tout entier. Chaque partie porte en elle la totalité, et de chaque partie dépend tout le reste.

Pour les scientifiques, le fait que la réalité ne soit pas « locale » n'est finalement qu'une information et n'a pas nécessairement de répercussions sur le cours de notre existence. Pour le bouddhisme, en revanche, l'interdépendance nous pousse à remettre fondamentalement en cause notre perception du monde et à avoir continuellement recours à cette nouvelle perception pour réduire nos attachements à la solidité des choses.

Se faire confiance les uns les autres

J'aime beaucoup l'histoire de l'expérience rapportée par Rebecca Shankland, au chapitre 4, qui nous montre que lorsque nous sommes accompagnés, nous grimpons plus facilement une pente raide. Cela me rappelle une tigresse et ses petits qui se promenaient près de mon ermitage il y a quelques années et que plusieurs personnes ont vus. Je l'ai entendue une fois feuler dans la nuit noire alors que je descendais vers mon ermitage.

Enfants d'un village au Bihar en Inde, lors d'une visite
de la clinique mobile de Karuna-Shechen, Inde. Joie d'être ensemble
et d'accueillir de nouveaux visages.

Les sons m'arrivaient d'une centaine de mètres et je peux vous assurer que l'expression « le sang se fige dans les veines » me parut extrêmement parlante. Les jours suivant, s'il m'arrivait d'avoir rendu visite à d'autres ermites et que la nuit tombait, l'un d'entre eux me disait : « Je vais te raccompagner. » Je lui demandais : « Mais si tu me raccompagnes, il faudra que tu reviennes tout seul ? » Alors, nous partions non pas à deux, mais à trois. Je me sentais beaucoup plus à l'aise d'être entouré pour parcourir ces trois cents mètres avec la tigresse dans les parages. En même temps, je me faisais la réflexion que ce n'était vraiment qu'une impression : la tigresse se fichait pas mal que nous soyons un, deux ou trois. À plusieurs, nous représentions simplement un repas un peu plus fourni ! L'idée d'une supériorité humaine numérique était très relative dans ce cas-là, mais le fait d'être ensemble nous rassurait.

Pourtant, dans la plupart des pays occidentaux, le degré de confiance envers « les inconnus » a diminué. À la question : « Faites-vous confiance à un inconnu, ou une inconnue ? », telle qu'elle peut être posée dans des sondages d'opinion, 35 % des interrogés répondent oui, contre 60 % il y a une trentaine d'années. Il s'agit de chiffres moyens propres à l'Europe occidentale – la confiance reste encore élevée dans les pays scandinaves. Cette baisse globale de confiance est délétère à l'harmonie de la société. Les sociétés qui renforcent cette confiance permettent une harmonie durable, une coopération, un vivre ensemble. Restaurer notre confiance en la nature humaine, comme l'expose Salomé Van Billoen (voir p. 240), voilà qui magnifie la possibilité de nous ouvrir à l'autre.

La solitude imposée et la solitude volontaire

Le contact humain est, lui aussi, d'une importance capitale. Je repense à une phrase de Paul Ekman, grand spécialiste des émotions. Après avoir rencontré pour la première fois avec sa fille le dalaï-lama, et tandis que ce dernier leur tenait les mains, Paul a dit: «Je n'avais jamais pensé que la bonté humaine puisse être palpable.»

On connaît le sort de ces enfants roumains, qui, en orphelinat, ont manqué de contact humain de manière absolument dramatique et qui, vingt ans plus tard, trente ans plus tard, ont fait l'objet d'études. Ces études nous ont montré à quel point leurs cerveaux étaient abîmés, à quel point tant de choses avaient été brisées dans leur vie, simplement parce qu'ils n'avaient pas bénéficié de présence et de contact physique palpable les premières années de leur vie.

Les humains sont des êtres sociaux par nature, qui ont un besoin fondamental d'appartenance et aspirent à tisser et à maintenir un minimum de relations durables, positives et significatives[46]. D'une façon générale, les personnes qui bénéficient de liens sociaux riches et chaleureux jouissent d'une meilleure santé mentale et d'un système immunitaire plus robuste; elles sont moins sujettes aux addictions (tabac, alcool, drogues), souffrent moins de maladies cardiaques et de démence sénile et vivent, en moyenne, plus longtemps.

Sur un thème déjà abordé au chapitre 3, de nombreux travaux de recherche recensés par Stephanie et John T. Cacioppo[47] montrent que la solitude est associée aux troubles de la personnalité – elle rendrait ceux qui en souffrent anxieux, irritables, déprimés et égocentriques – et qu'elle expose aux psychoses,

46. Baumeister, R. F., Leary, M. R., « The need to belong: Desire for interpersonal attachments as a fundamental human motivation », *Psychological Bulletin*, 117(3), 1995.
47. Voir les références scientifiques dans: Cacioppo, S., Cacioppo, J. T., *Introduction to Social Neuroscience*, chapitre 2: « Social Connections Matter ». Princeton University Press, 2020; Hawkley, L. C., Cacioppo, J. T., « Loneliness matters: A theoretical and empirical review of consequences and mechanisms », *Annals of Behavioral Medicine*, 40(2), 2010.

au suicide, à l'altération des performances cognitives et au déclin au fil du temps, à un risque accru de maladie d'Alzheimer. Elle affecte également la santé cardio-vasculaire chez les jeunes adultes et est associée à un ensemble de facteurs qui contribuent à la mortalité prématurée des individus.

En temps ordinaire, nous passons près de 80 % de nos heures d'éveil en compagnie d'autres personnes, et les moments partagés avec des amis, des parents, un conjoint, des enfants ou des collègues de travail sont globalement jugés plus gratifiants que le temps passé seul. C'est aussi dans le cadre de relations sociales épanouissantes que les jeunes font l'apprentissage de nombreuses compétences et aptitudes en matière de communication, de réciprocité, de résolution des conflits, d'amitié, etc. Éprouver des difficultés à établir et à maintenir de telles relations va de pair avec les souffrances inhérentes à l'isolement.

Ce type de solitude engendre un sentiment de détresse à relier avec la perception que nous avons que nos besoins sociaux ne sont pas satisfaits par la quantité ni surtout par la qualité de nos relations avec les autres.

Hors des cas extrêmes (l'isolement carcéral quasi total produit des résultats catastrophiques sur la santé mentale des détenus[48]), la solitude est synonyme d'isolement social *perçu*, et non d'isolement *objectif*. Certains peuvent mener une existence relativement solitaire et ne pas se sentir seuls, tandis que d'autres, à l'inverse, ont une vie sociale riche et se sentent seuls au sein de la multitude. En outre, des études montrent que les personnes souffrant d'un sentiment de solitude et celles qui n'en souffrent pas ne diffèrent significativement ni dans leurs activités quotidiennes ni dans le temps qu'elles passent seules.

S'il a été également établi que le sentiment de solitude est associé à un fort degré de focalisation sur soi, à l'inverse, la propension à l'ennui est plus faible chez les personnes qui s'intéressent à ce qu'elles font et savent donner un sens à leur vie.

Cette solitude pénible contraste évidemment avec une solitude désirée, riche et inspirante, celle procurée par les grands espaces, la nature vierge, la cohabitation avec les animaux sauvages, à l'instar de mon ami Vincent Munier, qui part seul à l'affût de la panthère des neiges. Il y a aussi la solitude

48. Grassian, S., « Psychiatric effects of solitary confinement », *Washington University Journal of Law & Policy*, 22, 325, 2006. Plus de 40 % des sujets témoignent de phénomènes hallucinatoires, notamment.

de l'ermite, qui choisit avec joie et sérénité de vivre en retrait, pour un temps, loin de toute distraction, afin d'approfondir sa pratique spirituelle.

Une telle solitude, loin de nous couper du monde, devient un puissant moyen de s'ouvrir aux autres, de prendre conscience de l'interdépendance de toutes choses et d'engendrer un amour sans limites envers tous les êtres. C'est une solitude au cœur de laquelle on se sent pleinement en harmonie avec les êtres chers, avec l'ensemble de l'humanité. Le sentiment d'émerveillement vient nous sortir de la coque de ce petit égocentrisme. Le sentiment d'appartenance gagné est encore plus vaste, il s'étend à l'ensemble de l'univers, et des études sur l'émerveillement nous disent que ces expériences accroissent également la bienveillance et l'altruisme. La solitude choisie invite à développer des qualités humaines, pour mieux se mettre au service des autres.

Personnellement, je n'ai quasiment jamais souffert de la solitude et, dans mon ermitage, je me suis toujours senti proche de ceux que j'aime et ai constamment eu une conscience aiguë de l'interdépendance de tous les êtres. Je goûte là une liberté savoureuse que je n'échangerais pour rien au monde contre les trépidations de la ville, l'éclat des conversations et les activités en tout genre.

La solitude choisie
invite à développer
des qualités humaines,
pour mieux
se mettre au service
des autres.

Nos ressources intérieures

La consolation, dont Christophe André parle si bien dans le chapitre précédent, m'inspire une réflexion. Ces derniers mois, j'ai eu l'occasion de parler longuement avec des personnes qui savaient qu'elles avaient peu de temps à vivre. Parfois même, elles étaient dans un état de solitude des plus pénibles. Comment les consoler ? La seule manière, puisque ce temps était si court, était de leur suggérer, avec humilité bien sûr, d'essayer d'identifier ce qui ne change pas au plus profond d'eux-mêmes, comparable à la profondeur de l'océan : à la surface, l'océan peut être un miroir, ou bien une tempête, mais il y a toujours une profondeur immuable.

Qu'est-ce que cette profondeur ? Derrière le rideau des pensées, des craintes et des espoirs, de la peur, de l'attachement aux choses de cette vie, aux êtres chers, la profondeur est ce qui ne change pas. C'est cette présence éveillée, la nature première de notre conscience, qui n'est pas le contenu de nos constructions mentales. C'est une sorte de havre de paix dans lequel on peut se reposer, car il est toujours là. Tout comme le soleil et l'espace sont immuables, quelle que soit la quantité de nuages qui puisse parfois les masquer. Ce n'est pas un espace éteint, sans vie : il est plein d'une présence éveillée. Et chacun peut trouver au plus profond de soi cet aspect fondamental de la conscience, de notre expérience première, qui est toujours présente, vers laquelle on peut toujours se tourner et dans laquelle on peut toujours se reposer. Ces personnes à qui il restait peu de temps à vivre m'ont dit que cela les avait aidées à trouver une aire de paix en elles-mêmes.

Tirer sur l'être humain

La répugnance à tuer est très forte chez l'être humain, contrairement à ce que l'on peut penser. Des études menées sur des soldats durant la guerre de Corée ont montré, à la grande surprise des généraux américains, que seulement 15 % des soldats présents sur le front tiraient sur l'ennemi. Les autres n'étaient pas des lâches, ils ne prenaient pas la fuite, ils aidaient ceux qui étaient en difficulté, mais ils ne se résolvaient pas à tirer sur un être humain en face d'eux. À la suite de ce rapport, l'analyse d'autres guerres a confirmé ces observations.

Alarmés par cette constatation, les généraux américains ont voulu remédier à cette répugnance à tuer, qu'ils considéraient comme un manque d'efficacité de la part des soldats. Ils ont alors utilisé la neuroplasticité du cerveau, c'est-à-dire qu'ils ont travaillé à les conditionner à tuer l'autre, sans état de conscience.

Pour cela, ils ont mis en place des exercices physiques : chaque fois que les soldats posaient le pied au sol, ils devaient crier « *Kill, kill, kill* ». Ils leur demandaient, aussi, de tirer sur des cibles à visages humains, qui surgissaient soudainement entre les herbes puis disparaissaient aussitôt ; il fallait tirer immédiatement, sans réfléchir. Ces entraînements ont malheureusement porté leurs fruits : quand les soldats sont arrivés au Vietnam, 80 % d'entre eux ont tiré sur l'ennemi. Mais 80 % d'entre eux – le même pourcentage –, en rentrant, présentaient des syndromes post-traumatiques. En tuant, ils avaient détruit leur vie. Il y eut finalement plus de morts par suicide chez les vétérans du Vietnam que de morts au front. Une étude a montré qu'entre 2001 et 2021, 30 000 vétérans de l'armée américaine sont morts par suicide, au rythme de 20 par jour, soit quatre fois plus que le nombre de soldats morts au front en Iraq et en Afghanistan.

C'est encourageant de savoir que cette répugnance à tuer est en nous, et il nous faut apprendre à préserver nos sentiments envers autrui, notre perception de cet autre comme être humain et sensible, sans le dévaloriser.

Notre rapport aux animaux

Lorsque, sous l'autorité de l'expérimentateur, nous sommes capables de manipuler un drone, d'observer une population à distance et d'envoyer une bombe, nous déshumanisons les humains, alors perçus comme des êtres lointains et abstraits. De même les oppresseurs en tout genre déshumanisent ceux qu'ils veulent exterminer en les considérant comme inférieurs. Les dictateurs parlent de « vermines », de « pestes », de « cloportes » pour justifier leurs massacres de masse.

Nous faisons la même chose, malgré nous : si nous déshumanisons les humains, nous réifions les animaux. Les humains deviennent des matricules, les animaux des machines à fabriquer des saucisses. On estime aujourd'hui que 110 milliards d'*Homo sapiens* ont vécu sur Terre (nous n'étions encore que quelques millions il y a 15 000 ans). Or c'est le nombre d'animaux que l'on tue dans le monde tous les deux mois pour nos prétendus besoins, comme si de rien n'était. Ce fossé dans notre éthique est absolument invraisemblable : nous sommes tout, ils ne sont rien.

L'instrumentalisation de la nature est une calamité aussi. Elle serait entièrement à notre disposition, les planètes y comprises, comme une commodité. Il s'agit là encore d'une forme d'exacerbation d'un suprémacisme humain qui ne tient pas compte de notre profonde interdépendance avec la nature. L'idée que l'homme se serait « extrait de la nature » est aussi absurde que d'affirmer que nous pourrions nous extraire de notre propre corps. Qui plus est, chaque espèce a développé les qualités particulières qui lui permettent de survivre. Si les êtres humains excellent par leurs facultés intellectuelles, nombre de facultés animales surpassent largement celles des hommes. Les chauves-souris se dirigent dans le noir à l'aide d'un sonar extrêmement sophistiqué, les saumons peuvent, en se fiant à leur seul odorat, retrouver leur rivière natale après une très longue migration dans l'océan, les oiseaux migrateurs traversent la planète en s'orientant par rapport aux étoiles ou à la polarisation de la lumière : autant d'exploits dont nous sommes bien incapables.

Nos liens (compliqués) avec les animaux

PAR LAURENT BÈGUE-SHANKLAND

Il y a trois ans, j'ai démarré un nouveau programme de recherche[49]. Je voulais comprendre ce qu'il se

49. L'expérience est présentée en détail dans l'ouvrage *Face aux animaux. Nos émotions, nos préjugés, nos ambivalences*, Odile Jacob. On pourra aussi se reporter à cette brève vidéo de l'étude : https://www.youtube.com/watch?v=exNHKprKNwI

passait dans la tête de personnes à qui l'on demande de tuer un animal pour la science. Comment nous, êtres sensibles, dotés de capacités empathiques hors du commun, pouvons-nous, dans certaines circonstances, les supprimer, puis tuer froidement un animal en fonction de certains buts que l'on nous présente comme étant légitimes ?

J'ai construit un protocole calqué sur le paradigme de Milgram, psychologue à l'université de Yale (États-Unis), qui, dans les années 1960, a étudié la soumission à l'autorité. Il a montré que la majorité des participants à qui l'on demandait d'administrer des électrochocs à une victime non consentante obéissait afin de respecter la force et la légitimité d'une autorité présente. Dans mon expérience à moi, la victime n'est pas un congénère, mais un poisson.

Pendant trois ans, 750 personnes, l'une après l'autre, après avoir pris connaissance d'une petite annonce dans la presse, sont venues dans mon laboratoire pour participer à une recherche d'observation et de conditionnement animal. Elles n'imaginaient pas, une fois sur place, que leur mission consisterait à injecter un produit toxique dans l'aquarium, le piracetam, un neurostimulant. Chaque dose rapprochait le poisson de la mort.

Les réactions des participants

Au fil des injections, le rythme cardiaque du poisson, relayé à l'écran, était de plus en plus erratique, ce qui ne facilitait pas le travail des participants. Évidemment, ils avaient envie d'arrêter. Mais un scientifique leur enjoignait de poursuivre, alors ils continuaient.

Lorsque j'ai interrogé les participants à l'issue de la recherche, je me suis intéressé à leur interprétation de la situation et à leurs réactions. Il y eut toute sorte de commentaires :

- « Plus ça allait, plus je me sentais méchante » ;
- « Tu te dis, je suis en train de tuer un poisson, et en même temps, c'est un petit pouvoir » ;
- « J'avais de la compassion, je n'étais pas bien » ;
- « Je suis étonnée de moi-même ».

On sait que beaucoup d'animaux marins contiennent du cuivre, du zinc, du nickel, et, pour ne rien vous cacher, dans mon poisson, il y avait beaucoup... d'électronique. Il était recouvert d'une matière souple et ferme, que certaines humaines se font parfois implanter sous la peau dans l'espoir de produire une meilleure impression plastique. Quelle matière ? Du silicone ! Oui, il s'agissait d'un poisson-robot. Mon poisson était un faux poisson, mais les participants ne le savaient pas. Seuls 15 % d'entre eux ont eu des doutes sérieux et ont été retirés de l'échantillon.

L'être humain est cet animal qui préfère dire qu'il n'en est pas un

Mais pourquoi ai-je fait ça ? Tuer le poisson était une mise à l'épreuve d'une disposition humaine fondamentale : l'empathie. L'empathie est ce qui nous permet de comprendre et de ressentir les gens autour de nous. C'est souvent grâce à elle que l'on apporte de l'aide ou que l'on décide de stopper une action, parce que nous en devinons les conséquences sur autrui. Mais notre empathie, hélas, est très limitée.

Sa principale faiblesse est sa partialité. Les humains se trouvent du bon côté de la barrière. Le poisson, lui, est du mauvais côté. Dans la même catégorie que le poisson, nous regroupons presque 9 millions d'espèces sous un vocable unique, artificiel, le plus souvent dévalorisant : les animaux. C'est là un invariant culturel : l'être humain est cet animal qui préfère dire qu'il n'en est pas un.

Notre empathie pour les animaux renvoie à des préférences bien ancrées qui s'expliquent par trois facteurs :

– *Un facteur zoologique :* nous préférons les animaux qui nous ressemblent le plus. Avoir deux pattes est une bénédiction ; en avoir quatre est une imperfection ; en avoir plus de quatre est une affliction, et ne pas en avoir est une malédiction.

– *Un facteur culturel :* nos sociétés ont accordé aux animaux une place fluctuante, du piédestal à l'assiette.

Dès que l'on inscrit un animal au menu, il perd des points de considération.

– *Un facteur individuel :* nous sommes tous différents. Par exemple, si vous êtes une femme, votre probabilité de frapper un animal est 39 fois inférieure à celle d'un homme.

CEUX QUI TUENT LE POISSON, CEUX QUI NE LE TUENT PAS

À votre avis, seriez-vous allé jusqu'au bout de l'expérience ? Quand j'ai posé cette question à 1 600 personnes extérieures à l'expérience, seulement 12 % ont répondu qu'elles seraient allées au bout. En réalité, les résultats ont montré que 53 % des participants ont tué le poisson, 20 % se sont opposés et abstenus. Tous les autres se sont situés entre les deux. Pouvais-je l'anticiper ? Certains facteurs prédisent le fait de s'arrêter plus ou moins tôt durant l'expérience. Les personnes qui présentent un niveau d'empathie plus élevé avaient légèrement tendance à aller moins loin dans l'expérience. Les personnes qui valorisent les hiérarchies entre les groupes humains étaient également celles qui créaient une césure entre l'animal et l'humain, et donc avaient tendance, pour cette expérience, à aller plus loin.

RÉFLÉCHIR À NOTRE LIEN AUX ANIMAUX ET AUX AUTRES

Ce qui a troublé beaucoup de participants, ce sont les yeux du poisson. Mon poisson, le pauvre, a perdu un œil

(fictif) au début de l'expérience. Il est accidentellement tombé et, d'ailleurs, une participante a dit : « Il est puissant votre produit ! » D'autres ont été émus par le regard fixe du poisson.
Si, à l'avenir, vous voyez tomber un œil devant vous, vous saurez peut-être qu'il y a une vie en jeu. Mais pour s'intéresser au sort des autres vivants, quel que soit le nombre de leurs pattes, le plus important ne semble pas être leurs yeux, mais nos yeux. Que voyons-nous dans les yeux des animaux ? Ou plutôt : qui voyons-nous ? C'est ce que m'a appris mon poisson en silicone bourré d'électronique.

Penser aux générations futures

Certains philosophes affirment que les générations futures ne peuvent pas avoir de droits, car elles n'existent pas encore. Cette position relève d'une conception très individualiste du droit, qui exige que pour avoir des droits une personne doit exister, être consciente de ses droits et faire preuve de réciprocité en respectant à son tour les droits d'autrui, ce qui exclut, de fait, les générations à venir et les autres espèces. On peut répondre à cela que cet argument vaut pour les « droits actifs », à savoir les droits de faire telle ou telle chose, mais que les « droits passifs », notamment le droit de ne pas être privé de la possibilité de vivre en bonne santé, par exemple, sont parfaitement applicables aux personnes futures et aux autres espèces. Les générations futures vont exister pour sûr, et comme Greta Thunberg le disait, nous les trahissons. Plus tard, elles diront : « Vous saviez et vous n'avez rien fait ! » Il est certain que les générations futures vont souffrir de nos actions, ou de nos inactions, selon le point de vue.

On ne dénie pas des droits à un nouveau-né, à un jeune enfant ou à une personne handicapée, dans la mesure où ces personnes sont des êtres humains, et que même si elles ne peuvent pas s'exprimer, ou faire acte de réciprocité, elles appartiennent à notre famille humaine. Mais nous n'accordons pourtant pas les mêmes droits aux générations futures et aux autres espèces. La notion de « droits de l'humanité », que Catherine Le Bris a pris le soin d'exposer (voir p. 88) vise précisément à étendre la notion de « droits de l'être humain » aux générations futures.

Mon marxiste favori, Groucho Marx, disait la même chose : « Pourquoi me préoccuper des générations futures, qu'est-ce qu'elles ont fait pour moi ? » J'ai entendu le richissime Steve Forbes dire la même chose, sérieusement lui, sur Fox News, où il a déclaré à propos des conséquences catastrophiques que pourraient entraîner la montée du niveau des océans : « Je trouve absurde de changer nos comportements aujourd'hui pour quelque chose qui se passera dans cent ans. » En gros, « après moi le déluge ». Cette personne n'a peut-être pas d'enfants ni de petits-enfants...

Un entrelacs de perles

Dans l'un de ses sermons, le Bouddha décrit la réalité comme un entrelacs de perles : dans chacune des perles, toutes les autres sont reflétées, ainsi que le palais dont elles ornent la façade et l'univers tout entier. En d'autres termes, dans chaque élément de la réalité, tous les autres sont présents. Ce n'est qu'une image, mais elle illustre bien la notion d'interdépendance selon laquelle il ne peut exister dans l'univers une seule entité totalement dissociée de l'ensemble.

L'individualisme ne mène nulle part

« La vie humaine, en tant que réalité radicale, n'est que la vie de chaque personne, et ma vie, c'est essentiellement une solitude, une solitude radicale. » Cette citation du philosophe espagnol José Ortega y Gasset est glaçante. Nous sommes très loin de l'interdépendance. L'hyperindividualiste croit se protéger en se retranchant dans la bulle de l'égocentrisme. Mais, en vérité, il devient extrêmement vulnérable, car le monde entier surgit soit en ennemi potentiel, soit en instrument pour promouvoir ses intérêts personnels.

Le monde devient entièrement polarisé entre ce moi rétréci qui s'imagine que l'univers pourrait être un catalogue disponible à tous ses désirs et ses caprices, ou bien qui le perçoit comme une menace. Cette vision des choses est intenable, non seulement parce que *moi, moi, moi* du matin au soir rend la vie misérable, à soi-même et à autrui, mais aussi parce que c'est une vision qui se trouve en porte-à-faux avec la réalité. Nous ne sommes pas des entités autonomes semblables à des boules de billard qui s'entrechoquent de temps en temps, nous sommes fondamentalement interdépendants.

Un ami, Greg Norris, à Harvard, qui étudie la filiation des objets que nous utilisons, m'a montré comment une feuille de papier A4, en Europe, impliquait 25 nations. On ne s'en rend pas compte, mais l'amidon vient de Tchécoslovaquie, le bois de Finlande, le transporteur est hollandais, le fabricant italien, etc. Cela démontre notre dépendance les uns vis-à-vis des autres, et prouve que chercher à s'isoler dans un individualisme étroit nous coupe de la réalité : l'individualisme est par nature dysfonctionnel, ce qui, en fin de compte, se traduit par de la souffrance.

À l'inverse, la reconnaissance de l'interdépendance qui nous relie à tous les êtres, humains et non humains, est fonctionnelle, car elle est en adéquation avec la nature même des choses. Cette reconnaissance favorise l'altruisme, qui vise à l'accomplissement du bien d'autrui, et la compassion, qui vise à remédier à la souffrance d'autrui et à ses causes.

Il se trouve que, de surcroît – en « bonus », pourrait-on dire –, la bienveillance est le plus gratifiant des états mentaux : Barbara Fredrickson, l'une des fondatrices de la psychologue positive, parle de l'amour, défini comme une « résonance positive avec l'autre », comme l'« émotion suprême », celle qui élargit le plus notre perspective des choses et s'accompagne du plus grand nombre d'autres émotions positives.

L'ouverture à l'autre est le plus gratifiant des états mentaux

Encore faut-il être motivé par un véritable altruisme, ne pas donner uniquement en pensant que cela vous fera du bien, car, dans ce cas, cela ne donnera rient du tout. La chaleur humaine, la joie de faire du bien à l'autre est intimement associée à l'altruisme et à la bienveillance véritable, et non à un acte bénéfique à l'autre mais intéressé. Si nous éprouvons une satisfaction toute naturelle d'avoir fait du bien à autrui, on arrive alors au double accomplissement : le bien d'autrui et le bien propre.

Une vision du monde
en « moi, moi, moi »
du matin au soir
rend la vie misérable.

Nous pouvons devenir de meilleurs êtres humains

Ce que nous apprend la neuroplasticité, et que savaient sans doute les cultures ou les traditions contemplatives, c'est que nous sous-estimons considérablement le pouvoir de transformation de notre esprit. On sait qu'il faut apprendre à lire, à écrire, et que nous le pouvons. Mais pour ce qui est des qualités humaines fondamentales – bienveillance, présence attentive, liberté intérieure, résilience, force d'âme... –, nous pensons que nous sommes comme nous sommes, que c'est à prendre ou à laisser. Imaginer que ces qualités puissent atteindre leur point optimal sans que l'on ne fasse rien pour cela relèverait du mystère. Il s'agirait d'une exception à toutes les lois de la nature. Chacun n'a pas les mêmes capacités, tout comme chacun ne deviendra pas un champion olympique du saut en hauteur ou du marathon, mais nous avons une énorme marge de manœuvre par rapport à notre point de départ, et si nous apprenions à davantage utiliser le dos du couteau, comme le dit Cécile Bolly, pour réparer nos liens, en prendre soin, alors nous pourrions vivre en harmonie, en frères et sœurs humains, et progresser ensemble.

Ce que Boris Cyrulnik partage concernant l'influence de la vie *in utero*, mais aussi sur nos premiers pas dans ce monde, est interpellant. Nous disposons d'un bagage génétique à notre venue au monde, une sorte d'héritage que l'on peut assimiler à un plan d'architecte établi par les gènes. Mais nous pouvons changer le plan à mesure que nous construisons la maison. Prenez une centaine d'ampoules dans une salle : elles peuvent être allumées ou éteintes, et ça fait toute la différence. On sait aujourd'hui que l'épigénétique – le mode d'expression des gènes au gré du vécu – a une influence sur ce que nous devenons. Une expérience réalisée par Michael Meaney, de l'Université McGill, met cela en lumière, via une lignée de rats extrêmement stressés – le stress est inscrit dans leurs gènes. On les place alors avec une mère rate, qui est excessivement dans le « care » dès leur naissance, et on observe, en l'espace de dix jours, une méthylation sur les gènes du stress, qui bloque leur expression et reflète ce processus épigénétique. Les jeunes rats deviennent « normaux » du point de vue du stress pour le reste de leur existence.

Évidemment, l'épigénétique joue aussi dans l'autre sens. Chez des enfants qui souffrent de différents traumatismes, d'abus, de négligence ou encore d'abandon, on voit vingt ans plus que tard que la répartition des méthylations dans les gènes de leur cerveau est synonyme d'une prédisposition accrue à la dépression, au suicide. Cela a souvent été créé dans la petite enfance.

Mais tout n'est pas pour autant gravé dans le marbre. Des expériences menées dans le laboratoire de neurosciences de Richard Davidson, à Madison, et conduites par l'épigénéticienne espagnole Perla Kaliman ont montré que huit heures de méditation dans une journée peuvent déjà modifier de 30 % l'expression de certains gènes; ils avaient ciblé dans cette étude les gènes responsables du stress.

Que ce soit par l'entraînement de l'esprit, qui joue sur la neuroplasticité, que ce soit par l'entraînement à long terme, qui peut affecter la façon dont nos gènes s'expriment, on voit malgré tout que ce qui nous est donné peut être transformé, et ça, c'est une source d'espoir: il est toujours possible de devenir un meilleur être humain, pour mieux se mettre au service des autres.

TROIS QUESTIONS À MATTHIEU RICARD

Quel est le lien qui a le plus compté dans votre histoire ?

Sans aucun doute, le lien avec des maîtres spirituels empreints de sagesse, de compassion et d'une parfaite cohérence, qui inspirent chaque instant de mon existence.

Quel lien avez-vous avec la nature ?

C'est, de loin, au sein de la nature que je me sens le mieux. La nature sauvage, de plus en plus menacée, est une constante source d'émerveillement qui n'engendre pas de sentiment de saturation, à la différence de nombre de plaisirs et de sensations ordinaires. Les lieux naturels nous attirent, nous apaisent et nous réjouissent; ils sont propices à une bonne santé physique et mentale. L'inclination pour tout ce qui vit et l'appréciation des lieux naturels a été nommée « biophilie » ou « amour de la vie », un concept défini par le biologiste

Edward O. Wilson comme étant « le penchant instinctif des humains à aimer et protéger la nature ». La plupart d'entre nous la ressentent spontanément, souvent sans même en être conscients.

En quoi la dimension du lien avec soi-même est-elle importante aujourd'hui ?

Il serait bien difficile de ne pas être en lien avec soi-même, qu'on le veuille ou non. Mais pour cela, il est important de mieux connaître la façon dont fonctionne notre esprit. Car cet esprit peut être notre meilleur ami comme notre pire ennemi. Il est donc désirable d'acquérir, au fil de l'existence, une manière d'être optimale, en se défaisant des toxines mentales, notamment la haine et l'obsession, et en faisant venir à la surface le meilleur de nous-mêmes.

CONCLUSION VERS UN MONDE RELATIONNEL

« Rien n'est solitaire, tout est solidaire. L'homme est solidaire avec la planète, la planète est solidaire avec le Soleil, le Soleil est solidaire avec l'étoile, l'étoile est solidaire avec la nébuleuse, la nébuleuse, groupe stellaire, est solidaire avec l'infini. »

Victor Hugo, *Proses philosophiques*

« Rien n'a de soi séparé et rien n'existe par soi-même. En examinant les choses avec attention, nous voyons que tous les phénomènes, y compris nous-mêmes, sont des composés. Nous sommes faits de notre mère et de notre père, de nos grands-mères et de nos grands-pères, de notre corps, de nos sensations, de nos perceptions, de nos formations mentales, de la Terre, du Soleil et d'un nombre incalculable d'éléments non-soi. Toutes ces parties dépendent de causes et de conditions. Nous voyons que tout ce qui a existé, existe ou existera est interconnecté et interdépendant. »

Thich Nhat Hanh

Les relations sont au cœur de nos vies, elles sont la vie. Dès lors, ne serait-il pas temps de cultiver une pensée relationnelle? Lorsque nous l'oublions, nous réifions le monde. Ce qui conduit à considérer les autres et notre environnement comme étant composés de «choses». Choses que nous possédons, gérons, utilisons, exploitons. Le monde vivant, changeant et complexe dont nous faisons partie n'est alors réduit qu'à sa dimension matérielle et statique. Nous perdons de vue que nous faisons partie d'un vaste et complexe réseau de relations, à nous-mêmes, aux autres, à l'environnement. «Nous n'existons pas de manière indépendante. Nous inter-sommes, nous dit le moine vietnamien Thich Nhat Hanh. Chaque chose repose sur une autre chose dans le cosmos pour se manifester, qu'il s'agisse d'une étoile, d'un nuage, d'une fleur, d'un arbre, de vous et de moi.» Dans cette perspective, il serait absurde de ne pas prendre la perspective de Terriennes et de Terriens qui partagent la même planète.

En négligeant les relations, nous contribuons à bâtir un monde déshumanisé. Cela nous amène à nous isoler des personnes qui souffrent, qui font face à des discriminations, à des troubles psychiatriques, à celles qui sont marginalisées, aux réfugiés, comme si nous étions étrangers les uns aux autres.

Jean-Jacques Wittezaele nous rappelle que « les murs ne seront jamais assez hauts pour nous protéger des exclus ». Il se pourrait que la lutte contre l'exclusion ne soit pas suffisante : ne devrions-nous pas également réfléchir à la façon dont notre société interagit avec les personnes en difficulté, aux relations de pouvoir qui créent et perpétuent cette situation ?

La pensée relationnelle nous incite à reconnaître notre interconnexion : nous partageons la même demeure, le même vaisseau, et il devient de plus en plus évident que cette magnifique demeure est fragile et confrontée à de nombreuses menaces. Comme le soulignait Gregory Bateson, « ceux qui vivent dans des maisons de verre – et surtout ceux qui partagent ces maisons de verre – feraient bien d'éviter de lancer des pierres ». Nous ne sommes qu'une infime partie d'un ensemble, et notre compréhension est donc limitée. Toutefois, en étant conscients de cela, nous pouvons entrer en relation avec cet ensemble de manière plus flexible, imaginative et féconde.

Des bactéries qui peuplent nos intestins aux lointaines étoiles, nous pouvons nous voir solidaires de tout, comme nous y invite Victor Hugo dans la citation en tête de cette conclusion. Les atomes qui composent nos corps sont issus des réactions nucléaires qui ont eu lieu dans les étoiles et se sont propagés à travers l'Univers pour finalement aboutir à notre existence. C'est pourquoi l'on peut dire poétiquement que nous sommes des « poussières d'étoiles ». Prendre conscience de notre lien profond avec l'Univers et la nature peut susciter une réflexion sur notre juste place et notre interconnexion avec tout ce qui nous entoure.

Enlever les épines avec le dos du couteau

PAR CÉCILE BOLLY

Écouter l'autre, c'est créer un contenant, comme le panier des vanniers. Un contenant qui soutient, abrite, porte, protège aussi. Pour transmettre la beauté de ce geste d'écoute, j'ai imaginé des formations dans la forêt, pour les soignants, parce que la forêt ouvre un espace en nous, tel un espace qui nous rend plus disponibles.

Lors d'une excursion, j'ai proposé aux soignants de couper une ronce. Ce n'est pas facile, il y a toute sorte d'épines. Autour de moi, beaucoup de questionnements : comment faire et pourquoi ? Je leur expliquai alors que pour pouvoir utiliser la ronce ensuite, il allait falloir retirer délicatement les épines avec le dos d'un sécateur ou d'un couteau. Évidemment, certaines personnes sont toujours pressées. Comme la mission était bien plus lente avec le dos du couteau, plusieurs individus ont utilisé la lame du couteau. À la fin, elles n'avaient plus que des lambeaux de ronce. Les individus qui, eux, avaient suivi la consigne du « dos du couteau » disposaient d'un lien solide. À ce moment-là, une pensée m'est venue : les liens, dans notre vie, sont comme la ronce. Si quelque chose ne va pas avec l'autre, ou même à l'intérieur de nous, on attaque avec le couteau et il ne reste que des lambeaux. Si au contraire, délicatement, on essaie d'enlever les épines, on construit un lien solide.

Thierry Janssen raconte que lors d'un voyage, un guérisseur rencontré au Mexique lui posa cette question : « Entre toi et moi, quel est le plus important ? » Immédiatement, il pensa « moi », mais éprouva un peu de honte à l'avouer. Son hésitation amusa le guérisseur, qui lui répondit que ce n'était ni « moi » ni « toi ». Le plus important était le « et » : le lien. « Le lien entre le corps et l'esprit qui fait l'unité de l'être humain. Le lien entre les individus qui fait l'unité de l'humanité. Le lien entre l'humanité et la Terre qui fait l'unité du monde. »

Placer les liens au cœur de notre existence nous conduit vers une vision d'amitié universelle. Cela implique également de réintégrer la philosophie, la poésie et l'humour au sein du discours politique. C'est être prêt à remettre en question et à réinventer ce qui nous unit et nous permet de vivre ensemble de manière plus épanouissante.

QUELQUES TEXTES INSPIRANTS SUR LES LIENS

« Je ne crois pas à la valeur des existences séparées. Aucun de nous n'est complet en lui seul. »

Virginia Woolf

« Celui qui diffère de moi, loin de me léser, m'enrichit. »

Antoine de Saint-Exupéry

Jeune garçon avec sa mère, Tibet de l'Est. La main protectrice de la mère qui soutient sans enfermer, la petite main de l'enfant qui tient pour se rassurer.
Tout est dit de ce premier lien qui nous construit.

LE LIEN AUX AUTRES

Saint-Exupéry
« APPRIVOISER, C'EST CRÉER DES LIENS »

Le 6 mars 1943, l'aviateur et écrivain Antoine de Saint-Exupéry publie un conte philosophique et poétique qu'il illustre de ses propres dessins à l'aquarelle. La fable met en scène un petit prince aux cheveux d'or. Le renard qu'il rencontre au chapitre XXI est un personnage clé du livre, une sorte de guide spirituel qui lui donne des leçons de sagesse et lui montre que l'une des choses les plus importantes de la vie, c'est de créer des liens et de savoir aimer.

C'est alors qu'apparut le renard :

« Bonjour, dit le renard.

– Bonjour, répondit poliment le petit prince, qui se tourna mais ne vit rien.

– Je suis là, dit la voix, sous le pommier…

– Qui es-tu ? dit le petit prince. Tu es bien joli…

– Je suis un renard, dit le renard.

– Viens jouer avec moi, lui proposa le petit prince. Je suis tellement triste…

– Je ne puis pas jouer avec toi, dit le renard. Je ne suis pas apprivoisé.

– Ah ! pardon », fit le petit prince.

Mais après réflexion, il ajouta :

« Qu'est-ce que signifie "apprivoiser" ?

– Tu n'es pas d'ici, dit le renard, que cherches-tu ?

– Je cherche les hommes, dit le petit prince. Qu'est-ce que signifie "apprivoiser" ?

– Les hommes, dit le renard, ils ont des fusils et ils chassent. C'est bien gênant ! Ils élèvent aussi des poules. C'est leur seul intérêt. Tu cherches des poules ?

– Non, dit le petit prince. Je cherche des amis. Qu'est-ce que signifie "apprivoiser" ?

– C'est une chose trop oubliée, dit le renard. Ça signifie "créer des liens..."

– Créer des liens ?

– Bien sûr, dit le renard. Tu n'es encore pour moi qu'un petit garçon tout semblable à cent mille petits garçons. Et je n'ai pas besoin de toi. Et tu n'as pas besoin de moi non plus. Je ne suis pour toi qu'un renard semblable à cent mille renards. Mais, si tu m'apprivoises, nous aurons besoin l'un de l'autre. Tu seras pour moi unique au monde. Je serai pour toi unique au monde...

– Je commence à comprendre, dit le petit prince. Il y a une fleur... je crois qu'elle m'a apprivoisé...

– C'est possible, dit le renard. On voit sur la Terre toute sorte de choses... [...]

Ma vie est monotone. Je chasse les poules, les hommes me chassent. Toutes les poules se ressemblent, et tous les hommes se ressemblent. Je m'ennuie donc un peu. Mais si tu m'apprivoises, ma vie sera comme ensoleillée. Je connaîtrai un bruit de pas qui sera différent de tous les autres. Les autres pas me font rentrer sous terre. Le tien m'appellera hors du terrier, comme une musique. Et puis regarde ! Tu vois, là-bas, les champs de blé ? Je ne mange pas de pain. Le blé pour moi est inutile. Les champs de blé ne me rappellent rien. Et ça, c'est triste ! Mais tu as des cheveux couleur d'or. Alors ce sera merveilleux quand tu m'auras apprivoisé ! Le blé, qui est doré, me fera souvenir de toi. Et j'aimerai le bruit du vent dans le blé… »

Le renard se tut et regarda longtemps le petit prince :

« S'il te plaît… apprivoise-moi ! dit-il.

– Je veux bien, répondit le petit prince, mais je n'ai pas beaucoup de temps. J'ai des amis à découvrir et beaucoup de choses à connaître.

– On ne connaît que les choses que l'on apprivoise, dit le renard. Les hommes n'ont plus le temps de rien connaître. Ils achètent des choses toutes faites chez les marchands. Mais comme il n'existe point de marchands d'amis, les hommes n'ont plus d'amis. Si tu veux un ami, apprivoise-moi !

– Que faut-il faire ? dit le petit prince.

– Il faut être très patient, répondit le renard. Tu t'assoiras d'abord un peu loin de moi, comme ça, dans l'herbe. Je te regarderai du coin de l'œil et tu ne diras rien. Le langage est source de malentendus. Mais, chaque jour, tu pourras t'asseoir un peu plus près… »

***Le Petit Prince*, chapitre XXI, © Éditions Gallimard.**

Montaigne
« PARCE QUE C'ÉTAIT LUI, PARCE QUE C'ÉTAIT MOI »

Montaigne rencontre Étienne de La Boétie, écrivain et poète, en 1558. Il a 25 ans et son ami 28. Il trouve en lui un véritable alter ego, conversant avec lui sur tous les sujets. La mort prématurée de La Boétie cinq ans plus tard le plonge dans un deuil douloureux. Montaigne, en homme de la Renaissance et grand lecteur des Anciens, voit dans l'amitié une « force inexplicable et fatale », très semblable à l'amour tel qu'il est conté dans* Le Banquet *de Platon.

Au demeurant, ce que nous appelons ordinairement amis et amitiés, ce ne sont qu'accointances et familiarités nouées par quelque occasion ou commodité, par le moyen de laquelle nos âmes s'entretiennent. En l'amitié de quoi je parle, elles se mêlent et confondent l'une en l'autre d'un mélange si universel qu'elles effacent et ne retrouvent plus la couture qui les a jointes. Si on me presse de dire pourquoi je l'aimais, je sens que cela ne se peut exprimer qu'en répondant : « Parce que c'était lui ; parce que c'était moi. »

Il y a, au-delà de tout mon discours et de ce que j'en puis dire particulièrement, je ne sais quelle force inexplicable et fatale, médiatrice de cette union. Nous nous cherchions avant que de nous être vus, et par des rapports que nous entendions l'un de l'autre, qui faisaient en notre affection plus d'effort que ne porte la raison des rapports, je crois par quelque ordonnance du ciel : nous nous embrassions par nos noms. Et à notre première rencontre, qui fut par hasard en une grande *fête* et réunion de ville, nous nous trouvâmes si pris, si connus, si liés entre nous, que rien dès lors ne nous fut si proche que l'un à l'autre. Il écrivit une satire latine excellente, qui est publiée, par laquelle il excuse et explique la précipitation de notre intelligence, si promptement parvenue à sa perfection. Ayant si peu à durer, et ayant si tard commencé, car nous étions tous deux hommes faits, et lui plus de quelques années, elle n'avait point à perdre temps, et à se régler au patron des amitiés molles et régulières, auxquelles il faut tant de précautions de longue et préalable conversation. Celle-ci n'a point d'autre idée que d'elle-même, et ne se peut rapporter qu'à soi ; ce n'est pas une spéciale considération, ni deux, ni trois, ni quatre, ni mille : c'est je ne sais quelle quintessence de tout ce mélange, qui, ayant saisi toute ma volonté, l'amena se plonger et se perdre dans la sienne qui, ayant saisi toute sa volonté, l'amena se plonger et se perdre en la mienne, d'une faim, d'une concurrence pareille. Je dis perdre, à la vérité, ne nous réservant rien qui nous fût propre, ni qui fût ou sien ou mien.

« De l'amitié », *Essais I*, XXVIII, 1580-1595.

Simone Weil

« L'AMITIÉ EST LE MIRACLE PAR LEQUEL UN ÊTRE HUMAIN ACCEPTE DE REGARDER À DISTANCE »

Philosophe et activiste politique française (1909-1943), elle fut l'élève d'Alain. Brillante, animée d'une compassion sans bornes, elle quitte la carrière d'enseignante pour expérimenter la condition ouvrière en travaillant à l'usine. Plusieurs expériences mystiques la conduisent dans un parcours spirituel où le souci de l'autre est omniprésent. Pendant la Seconde Guerre mondiale, elle rejoint le général de Gaulle à Londres. Elle mourra quelques mois plus tard au sanatorium d'Ashford.

Quand un être humain est attaché à un autre par un lien d'affection enfermant à un degré quelconque la nécessité, il est impossible qu'il souhaite la conservation de l'autonomie à la fois en lui-même et dans l'autre. Impossible en vertu du mécanisme de la nature. Mais possible par l'intervention miraculeuse du surnaturel. Ce miracle, c'est l'amitié.

« L'amitié est une égalité faite d'harmonie », disaient les pythagoriciens. Il y a harmonie parce qu'il y a unité surnaturelle entre deux contraires qui sont la nécessité et la liberté, ces deux contraires que Dieu a combinés en créant le monde et les hommes. Il y a égalité parce qu'on désire la conservation de la faculté de libre consentement en soi-même et chez l'autre. Quand quelqu'un désire se subordonner un être humain ou accepte de se subordonner à lui, il n'y a pas trace d'amitié. [...] Il n'y a pas d'amitié dans l'inégalité.

Une certaine réciprocité est essentielle à l'amitié. Si d'un des deux côtés toute bienveillance est entièrement absente, l'autre doit supprimer l'affection en lui-même par respect pour le libre consentement auquel il ne doit pas désirer porter atteinte. Si d'un des deux côtés, il n'y a pas respect pour l'autonomie de l'autre, celui-ci doit couper le lien par respect de soi-même. De même celui qui accepte de s'asservir ne peut pas obtenir d'amitié. Mais la nécessité enfermée dans le lien d'affection peut n'exister que d'un côté et, en ce cas, il n'y a amitié que d'un côté si on prend le mot en un sens tout à fait précis et rigoureux. Une amitié est souillée dès que la nécessité l'emporte, fût-ce pour un instant, sur le désir de conserver chez l'un et chez l'autre la faculté du libre consentement. Dans toutes les choses humaines, la nécessité est le principe de l'impureté. Toute amitié est impure s'il s'y trouve, même à l'état de trace, le désir de plaire ou le désir inverse. Dans une amitié parfaite, ces deux désirs sont complètement absents. Les deux amis acceptent complètement d'être deux et non pas un, ils respectent la distance que met entre eux le fait d'être deux créatures distinctes. C'est avec Dieu seul que l'homme a le droit de désirer être directement uni. L'amitié est le miracle par lequel un être humain accepte de regarder à distance et sans s'approcher l'être même qui lui est nécessaire comme une nourriture. [...]

L'amitié a quelque chose d'universel. Elle consiste à aimer un être humain comme on voudrait pouvoir aimer en particulier chacun de ceux qui composent l'espèce humaine. Comme le géomètre regarde une figure particulière pour déduire les propriétés universelles du triangle, de même celui qui sait aimer dirige sur un être humain particulier un amour universel.

Simone Weil, *Attente de Dieu*, 1950 (posthume), réedition Fayard.

Emily Dickinson
L'ALTRUISME COMME RAISON DE VIVRE

Considérée comme l'une des plus grandes poétesses américaines, Emily Dickinson (1830-1886) était totalement inconnue de son vivant. Elle a mené une vie de recluse, ce qui ne l'empêchait pas d'être au cœur du monde et de ce qui définit notre humanité, comme on le voit dans ce poème du don infini. Non seulement nous avons besoin des autres, mais nous sommes programmés pour aider les autres. De nombreux travaux scientifiques ont révélé les capacités d'altruisme de l'enfant dès l'âge de quelques mois.

Si je peux empêcher un cœur de se briser,
Je n'aurai pas vécu en vain ;
Si je peux soulager la douleur d'une vie,
Ou calmer une seule douleur,

Ou aider un rouge-gorge sans connaissance
à retrouver son nid,
Je n'aurai pas vécu en vain.

« If I can stop one heart from breaking » (#119), 1864, publié en 1929 dans *Further Poems of Emily Dickinson* (traduction de l'éditrice).

Philippe Claudel

« J'AIMERAIS TANT T'AIDER À DEVENIR TOI-MÊME, TOUT SIMPLEMENT »

Dans l'expérience de la paternité, le romancier Philippe Claudel découvre la beauté et la force d'un lien qui l'engage à jamais. La responsabilité aussi, l'engagement, la peur. C'est toute une chaîne de transmission qui se dessine de son propre père jusqu'à son enfant.

Te protéger toujours, ne jamais t'étouffer. Je ne sais pas si je parviens à trouver l'équilibre. Je ne sais pas si je suis un bon père. J'essaie. J'essaie de toutes mes forces. Mais il me semble si souvent que je m'y prends mal. Je veux seulement que mon ombre t'épargne les grandes brûlures. Je ne veux pas qu'elle te prive de lumière. Je t'indique des chemins, des sons, des couleurs, des mots, mais j'ai peur parfois de te les imposer. J'aimerais tant t'aider à devenir toi-même, tout simplement. Mais il n'y a pour cela aucune méthode, aucune règle. J'avance en tâtonnant, guidé par mon seul amour, qui est immense, tu le sais, en désirant très fort que jamais il ne t'encombre.

Je retrouve pour toi une mémoire enfouie. Je songe à mon père, et quel père il a été pour moi.

Un moine médecin tibétain prend le pouls d'une petite fille nomade du Tibet oriental, dans une clinique faisant partie des projets humanitaires de Karuna-Shechen.

Tu me fais être ton papa et, dans le même temps, le petit garçon qui regardait son père, qui grandissait à l'abri de son ombre, qui se nourrissait de chacune de ses paroles et du moindre de ses gestes. Je me rends compte que je reproduis des paroles, des jeux, des attitudes qui étaient les siennes à mon égard. Grâce à toi, je retrouve mon père et quantité de souvenirs qui lui sont liés et que j'avais oubliés.

Être père, disent-ils, « Petite fille », L'Iconoclaste, 2009.

Frans de Waal
HUMAINS ET ANIMAUX

Le lien entre les animaux et les humains est d'une puissance incroyable. En 2016, Jan van Hooff rend une dernière visite à Mama, une vieille chimpanzé, sur son lit de mort au Burgers' Zoo. Mama sourit et enlace ce professeur, qu'elle connaît depuis quarante ans. Elle meurt peu de temps après. On peut voir ces incroyables retrouvailles sur le Web.

Un mois avant les 59 ans de Mama et deux mois avant les 80 ans de Jan van Hooff, ces deux hominidés d'un certain âge se sont retrouvés pour des adieux particulièrement émouvants. Mama, qui faisait partie des chimpanzés de zoo les plus âgés du monde, était émaciée et mourante. Jan van Hooff, dont les cheveux blancs tranchaient sur le rouge vif de sa parka, est le professeur de biologie qui a dirigé ma thèse, il y a des années. Mama et lui se connaissaient depuis plus de quarante ans, et leurs adieux ont été filmés.

Dans la vidéo, on voit Mama couchée en position fœtale sur son lit de paille, mais elle n'a même plus la force de lever les yeux quand Jan, qui vient d'entrer dans sa cage de nuit, s'approche en poussant de petits grognements amicaux. Les gens qui, comme lui et moi, travaillent avec les grands singes imitent souvent leurs cris et leurs gestes ; nous savons que les doux grognements les rassurent. Soudain, Mama exprime une profonde joie en voyant Jan juste à côté d'elle, en chair et en os. Son visage se fend d'un immense sourire ravi, beaucoup plus expansif que le sourire de notre espèce. Les lèvres des chimpanzés sont tellement souples qu'ils peuvent entièrement les retrousser, et aussi les retourner. On voit non seulement les dents et les gencives de Mama, mais l'intérieur de ses lèvres. Son visage est mangé par son large sourire, et elle glapit – un son aigu et doux, réservé aux moments d'émotion intense. C'est une émotion positive, puisqu'elle cherche à prendre la tête de Jan qui se penche vers elle. Elle lui caresse doucement les cheveux, puis enroule un de ses longs bras autour de son cou pour le serrer contre elle. Elle souligne sa longue étreinte en pianotant contre la nuque de Jan, en rythme, comme les chimpanzés quand ils cherchent à calmer un petit qui geint.

C'était typique de Mama : elle a dû sentir que Jan hésitait à pénétrer sur son domaine et elle a voulu le rassurer. Elle était profondément heureuse de le voir.

La dernière étreinte, Les Liens qui libèrent (traduction française), 2018.

LE LIEN À LA NATURE

Jean-Jacques Rousseau
LA CONSCIENCE D'ÊTRE UNE PARTIE DE LA NATURE

***À travers les* Rêveries du promeneur solitaire,**
Rousseau exprime, sur un mode autobiographique, son profond lien avec la nature en évoquant ses promenades solitaires dans la campagne. Ces récits traduisent merveilleusement l'importance de la nature dans la vie de Rousseau, en tant que source de consolation, de contemplation et de renouvellement spirituel.

Le sentiment de l'existence dépouillé de toute autre affection est par lui-même un sentiment précieux de contentement et de paix, qui suffirait seul pour rendre cette existence chère et douce à qui saurait écarter de soi toutes les impressions sensuelles et terrestres qui viennent sans cesse nous en distraire et en troubler ici-bas la douceur.

Il se perd avec une délicieuse ivresse dans l'immensité de ce beau système avec lequel il se sent identifié. Alors tous les objets particuliers lui échappent, il ne voit et ne sent rien que le tout.

***Rêveries du promeneur solitaire*, 5e et 7e promenades.**

Henry David Thoreau

ON N'EST JAMAIS SEUL DANS LA NATURE

Philosophe et poète américain (1817-1862), Henry David Thoreau est enseignant avant de démissionner pour protester contre les châtiments corporels. Il construit une cabane en bois sur les rives de l'étang de Walden, et y vit pendant deux ans, dans la plus grande simplicité, comme il le raconte dans **Walden ou la vie dans les bois.** *Son « éthique de la pauvreté » a inspiré de nombreux mouvements environnementalistes. Il a aussi milité contre les lois esclavagistes. Son arrestation lui vaudra un essai fameux,* **La Désobéissance civile,** *qui marquera Gandhi et Martin Luther King.*

Soir délicieux, où le corps entier n'est plus qu'un sens, et par tous les pores absorbe le délice. Je vais et viens avec une étrange liberté dans la Nature, devenu partie d'elle-même. Tandis que je me promène le long de la rive pierreuse de l'étang, en manches de chemise malgré la fraîcheur, le ciel nuageux et le vent, et que je ne vois rien de spécial pour m'attirer, tous les éléments me sont étonnamment homogènes. […]

La sympathie avec les feuilles agitées de l'aulne et du peuplier me fait presque perdre la respiration ; toutefois, comme le lac, ma sérénité se ride sans se troubler. Ces petites vagues que le vent du soir soulève sont aussi étrangères à la tempête que la surface polie comme un miroir. Bien que maintenant la nuit soit close, le vent souffle encore et mugit dans le bois, les vagues encore brisent, et quelques créatures invitent de leurs notes au sommeil.

Pourquoi me sentirais-je seul ? Notre planète n'est-elle pas dans la Voie lactée ? [...]

La véritable moisson de ma vie quotidienne est en quelque sorte aussi intangible, aussi indescriptible, que les teintes du matin et du soir. C'est une petite poussière d'étoile entrevue, un segment de l'arc-en-ciel que j'ai étreint.

Walden ou la vie dans les bois, traduction Louis Fabulet, Éditions de la Nouvelle Revue Française, 1922.

William Blake
LE MONDE DANS UN GRAIN DE SABLE

Les quatre premiers vers de ce poète anglais (1757-1827) sont très connus, mais on lit rarement la totalité du poème qui est pourtant une merveilleuse ode à la nature, à l'empathie, à l'altruisme et à l'interdépendance.

AUGURES D'INNOCENCE

Voir le monde en un grain de sable,
Un ciel en une fleur des champs,
Retenir l'infini dans la paume des mains
Et l'éternité dans une heure.

Rouge-gorge mis en cage,
Voilà tout le ciel en rage.
Un colombier plein de colombes et de ramiers
Fait frissonner l'enfer en tous ses ateliers.

Un chien qui meurt au seuil de la maison du maître
Prononce que l'État bientôt va disparaître.
Cheval frappé sur le chemin
Réclame du sang humain.
À chaque cri plaintif du lièvre que l'on chasse
C'est un fil de la cervelle qui casse.
Alouette à l'aile blessée
Un chérubin cesse de chanter.
Le coq dressé pour le combat,
Fait du soleil levant l'effroi.
Tout hurlement de loup, de lion sur la terre
Réveille une âme et la retire hors de l'enfer.

Le cerf errant par les taillis
Tient l'âme humaine hors du souci.
L'agneau prétexte du péché
Pardonne au couteau du boucher.

Chauve-souris volant lorsque tombe le soir
Fuit l'esprit de celui qui n'a pas voulu croire.
La chouette, dans la nuit, en appelant
Dit la frayeur des mécréants.
As-tu blessé le roitelet ?
Hommes ne t'aimeront jamais.

Qui a mis le bœuf en courroux
De femme n'aura les yeux doux.
L'enfant cruel qui tue la mouche,
L'araignée lui sera farouche.
Qui tourmente du hanneton l'esprit
Tisse une charmille en fin de nuit.
La chenille sur la feuille
Redit de ta mère le deuil.
Ne tue papillon ni phalène
Crainte qu'à Jugement ne viennes.

Qui pour la guerre un cheval dressera
Barre du Pôle jamais ne passera.
Le chien du mendiant, le chat de la veuve,
Nourris-les, tu feras peau neuve.
La mouche qui, chantant l'été, bourdonne
La calomnie vous l'empoisonne.
Poison de vipère et d'orvet
Sous le pas d'Envie il se fait.
Le poison tueur de l'abeille,
L'artiste jaloux le réveille

Les vêtements royaux, les hardes du mendiant
Prolifèrent dans le bagage de l'avare.
Vérité dite à fin méchante
Bat tout mensonge que tu inventes.

Il est bien qu'ainsi tout se fonde :
Pour joie et peine homme fut fait,
Et quand nous savons bien que c'est,
Nous allons saufs de par le monde.
Joie et peine en fin tissage
Habit pour l'Âme divin,
Sous chaque dol et chagrin
Court un fil de soie et de joie.
Plus est l'enfant que son maillot
Chez l'homme, par monts et par vaux.
On fait l'outil, naissent nos mains,
Un fermier comprend ça très bien.

Chaque larme d'un œil tombé
Devient un enfant dans l'éternité
Le recueillent des femmes claires
Et le rendent à sa lumière.
Qu'il aboie ou mugisse ou rugisse ou qu'il bêle,
C'est le Flot qui vient battre le rivage du ciel.
L'enfant criant sous le bâton
Inscrit vengeance chez Pluton.
Les loques de pauvre qui flottent au vent
Disloquent les cieux à chaque moment.

Soldat qui prend l'épée et le fusil,
Pour le soleil de l'été paralysie.
Le sou du pauvre a plus de prix
Que tout l'or des côtes d'Afrique.
[...]

Chansons et mythes. Poèmes choisis (textes traduits de l'anglais et présentés par Pierre Boutang), Éditions de la Différence, 1989.

George Sand
LES INFINIS BIENFAITS DE LA NATURE

Cette grande dame de la littérature fut aussi une amoureuse de la nature. Dès l'enfance, Aurore Dupin (1804-1876), de son vrai nom, se passionne pour les sciences naturelles, et lorsqu'elle hérite du domaine familial à Nohant, elle veut comprendre la terre, apprendre, et s'entoure de botanistes, de géologues et d'entomologistes. Elle fut aussi une pionnière en matière d'écologie, prenant la défense des arbres centenaires et menacés de la forêt de Fontainebleau.

À Aurore

La nature est tout ce qu'on voit,
Tout ce qu'on veut, tout ce qu'on aime.
Tout ce qu'on sait, tout ce qu'on croit,
Tout ce que l'on sent en soi-même.

Elle est belle pour qui la voit,
Elle est bonne à celui qui l'aime,
Elle est juste quand on y croit
Et qu'on la respecte en soi-même.

Regarde le ciel, il te voit,
Embrasse la terre, elle t'aime.
La vérité c'est ce qu'on croit
En la nature c'est toi-même.

George Sand, *À Aurore.*

Peter Wohlleben
NOUS POUVONS RETROUVER LE LIEN QUI NOUS UNIT À LA NATURE

Ce forestier allemand est devenu mondialement célèbre en publiant* La Vie secrète des arbres, *un livre consacré aux systèmes de communication propres aux arbres et à leur capacité à vivre en commun. Dans* L'Homme et la Nature, *un ouvrage plein d'optimisme, il nous incite à retrouver au fond de nous ce lien ancestral à la nature qui n'a pas disparu.

Venez avec moi en forêt pour constater à quel point le lien ancestral qui nous unit à la nature est intact.

Non, nous ne sommes pas des êtres dégénérés, incapables de survivre à long terme sans la technique moderne. Vous serez surpris, en allant vous promener dans les bois, d'observer à quel point vos sens fonctionnent bien ! Il y a, par exemple, des odeurs que nous sentons mieux que les chiens. Chemin faisant, nous découvrirons, sur les arbres, des phénomènes électriques qui font se dresser les poils des araignées. Et la nature possède une généreuse pharmacie, dont non seulement tous les animaux mais aussi vous-même pouvez vous servir. Quant au cocktail d'échanges chimiques qui vous enveloppe lors de votre promenade, il renforce votre circulation sanguine et votre système immunitaire.

Nombreux sont ceux qui ne remarquent plus tout cela. Cependant, ce n'est pas la faute de nos sens qui seraient atrophiés. Non, car nos sens sont parfaitement intacts, comme je vais vous le prouver, exemples à l'appui. L'explication se trouve plutôt dans une curieuse vision philosophique et scientifique, laquelle érige des barrières superflues entre nous et les créatures qui nous entourent : l'homme est ici, la nature, là ; ici, la raison est à l'œuvre, là opère un ingénieux système sans âme, presque mécanique. Mais heureusement, nous commençons peu à peu à prendre conscience que nous faisons toujours partie de ce merveilleux système et que nous fonctionnons selon les mêmes règles que celles prévalant pour toutes les autres espèces. Or la protection de la nature n'opère que lorsque nous comprenons que nous en faisons partie, et qu'il s'agit avant tout de protéger notre espèce.

L'Homme et la Nature, Les Arènes, 2020.

LE LIEN À SOI

Socrate
« CONNAIS-TOI TOI-MÊME »

Cette phrase célèbre n'est pas de Socrate : c'est la devise inscrite au fronton du temple de Delphes, comme un appel à l'humilité (« souviens-toi que tu n'es pas un dieu »). Chez Socrate, au Ve siècle av. J.-C., le sens de cette inscription est encore un peu différent. Le but du philosophe est de s'interroger sur des problématiques morales : Qu'est-ce que la sagesse ? Comment agir ? Et s'il questionne les jeunes Athéniens, c'est pour qu'ils prennent conscience de leur ignorance, deviennent sages et apprennent à mieux se connaître.

J'irais presque jusqu'à dire que cette même chose, se connaître soi-même, est tempérance, d'accord en cela avec l'auteur de l'inscription de Delphes. Je m'imagine que cette inscription a été placée au fronton comme un salut du dieu aux arrivants, au lieu du salut ordinaire « réjouis-toi », comme si cette dernière formule n'était pas bonne et qu'on dût s'exhorter les uns les autres, non pas à se réjouir, mais à être sages. C'est ainsi que le dieu s'adresse à ceux qui entrent dans son temple en des termes différents de ceux des hommes, et c'est ce que pensait, je crois, l'auteur de l'inscription : à tout homme qui entre, il dit en réalité : « Sois tempéré. » Mais il le dit, comme un devin, d'une façon un peu énigmatique ; car « Connais-toi toi-même » et « Sois tempéré », c'est la même chose, au dire de l'inscription et au mien. Mais on peut s'y tromper : c'est le cas, je crois, de ceux qui ont fait graver les inscriptions postérieures : « Rien de trop » et « Cautionner, c'est se ruiner. »

Platon, *Le Charmide* ou *Sur la Sagesse*.

Sénèque
« LA HAINE DE SOI EST UNE MALADIE DE L'ÂME »

Sénèque, philosophe latin, naît à Cordoue en 4 av. J.-C. Il se suicide en 65 apr. J.-C., sur ordre de Néron, dont il fut le maître. Sénèque fait partie de l'école stoïcienne ou « philosophie du portique ». La « tranquillité de l'âme » désigne la paix psychique, qui était le but de plusieurs courants de la philosophie antique.

D'ailleurs, l'état auquel tu aspires est noble, sublime, proche de celui des dieux : l'absence de trouble. Cette stabilité de l'âme que les Grecs nomment *euthumia* et à laquelle Démocrite a consacré un remarquable ouvrage, je l'appelle, moi, « tranquillité » ; il est en effet inutile de reprendre le mot grec en le faisant passer dans notre langue, mais plutôt l'idée même, qui a la signification du mot grec et non sa forme.

Nous devons donc chercher comment l'âme peut suivre un cours toujours égal et prospère en travaillant à son propre bien, heureuse de contempler ce qu'elle possède, sans jamais interrompre cette joie, mais en restant au contraire dans un état de calme permanent, où ni l'exaltation ni la dépression n'ont de place. Voilà ce que sera la tranquillité.

De la tranquillité de l'âme.

Maître Eckhart

« CONNAIS-TOI TOI-MÊME ET, LÀ OÙ TU TE TROUVES, ABANDONNE-TOI »

Dans la mystique chrétienne, dont Maître Eckhart, le vicaire de Thuringe, est l'une des plus lumineuses figures, il faut, pour se rapprocher de Dieu, se déprendre de soi. C'est une véritable ascèse de l'abnégation qui est ici proposée pour se débarrasser d'un ego qui barre la route vers Dieu.

Commence donc tout d'abord par te délivrer de toi-même. En vérité, si tu ne te fuis pas d'abord toi-même, tu auras beau fuir où tu voudras, partout tu trouveras des obstacles et de l'inquiétude. Certains cherchent la paix dans les choses extérieures, dans un lieu, dans un mode de faire, dans la société des hommes ou dans les œuvres, en partant vivre ailleurs ou dans la pauvreté ou dans l'abaissement, si grand que ce soit, ou quoi que ce soit, tout cela n'est pourtant rien et ne leur donne pas la paix. Ils cherchent fort mal, ceux qui cherchent ainsi. Plus ils s'éloignent, moins ils trouvent ce qu'ils cherchent. Ils vont comme celui qui a perdu sa route : plus il s'éloigne, plus il s'égare.

Mais alors, que doit-il faire ?

Il doit d'abord se laisser lui-même, ainsi, il aura laissé toutes choses. En vérité, un homme laisserait-il un royaume, voire le monde entier, et se garderait-il lui-même, il n'aurait rien laissé. Oui, et si un homme se laisse lui-même, quoi qu'il garde, richesse, ou honneur, ou quoi que ce soit, il aura laissé toutes choses.

Conseils spirituels.

Virginia Woolf

« LE SENTIMENT DU MOI SE FORTIFIE »

Elle a marqué le roman du XXe siècle par cette écriture du flux de conscience, ses nombreux détails visuels et auditifs. On a souvent comparé Virginia Woolf aux impressionnistes, avec son écriture de la captation, qui cherche à dire les sensations, l'évanescence.

Pourtant, la vie est supportable, la vie a de bons moments. Lundi est escorté par mardi, puis mercredi leur succède. L'esprit s'élargit d'année en année comme le tronc d'un chêne ; le sentiment du moi se fortifie ; la douleur même se fond dans la sensation de cette continuelle croissance. Les soupapes de l'esprit s'ouvrent et se ferment sans cesse avec une précision musicale de plus en plus parfaite ; la hâte fébrile de la jeunesse trouve son emploi, et tout l'être semble manœuvrer avec la perfection d'un mécanisme d'horloge. Avec quelle rapidité le flot nous porte de janvier à décembre. Nous sommes entraînés par le torrent des choses ; et ses choses nous sont devenues si familières que nous n'apercevons pas leur ombre. Nous flottons sur la surface du fleuve.

Les Vagues **(traduction de Marguerite Yourcenar),**
LGF, Biblio, 1982. D.R.

Tara Brach

COMMENT DEVENIR SA PROPRE MEILLEURE AMIE

Tara Brach (née en 1953) est une psychologue américaine, autrice et enseignante de méditation. Son enseignement mêle la psychologie occidentale et les pratiques spirituelles orientales. Elle nous incite à porter attention à notre vie intérieure et

nous invite à un engagement total et compatissant dans notre monde.

Quand j'étais à l'université, je suis partie faire de la randonnée en montagne avec une amie de 22 ans, plus âgée et plus sage que moi. Après avoir monté notre tente, nous nous sommes assises au bord d'un ruisseau, observant l'eau qui tournoyait autour des rochers tout en discutant de nos vies. Mon amie m'a expliqué comment elle apprenait à devenir sa «propre meilleure amie». J'ai senti monter une vague de tristesse en moi et j'ai fondu en larmes. J'étais loin d'être ma meilleure amie, sans arrêt sous l'emprise de mon juge intérieur: impitoyable, exigeant, implacable, toujours à me remettre en cause. J'étais guidée par le sentiment qu'au plus profond de moi, il y avait «quelque chose qui n'allait pas», et je m'acharnais à contrôler et à réparer ce ressenti d'imperfection fondamentale.

Au cours des années qui ont suivi, à travers mon travail avec des dizaines de milliers de personnes et d'élèves en méditation, je me suis rendu compte qu'il y avait une épidémie de ce sentiment d'insuffisance personnelle. Dès qu'on ne se sent pas à sa place, on entre dans un état de transe qui provoque énormément de souffrance. Pourtant, dans ma propre vie comme dans celle d'innombrables autres personnes, j'ai vu qu'il était possible de se réveiller de cette transe, grâce à la pleine conscience et à la compassion pour soi. On est capable d'arriver à une confiance en la bonté et en la pureté de notre cœur.

L'autocompassion peut se déployer lorsqu'on établit un contact direct et honnête avec sa propre vulnérabilité. Cette compassion ne peut s'épanouir complètement que lorsqu'on porte une attention bienveillante envers soi-même. Mais souvent, quand on est coincé dans la transe d'insuffisance, il semble impossible d'éveiller cette autocompassion. Pour aider ceux qui souffrent de ces sentiments d'insécurité et de déficience, je propose une méditation d'autocompassion que j'appelle « RAIN » – un acronyme qui signifie « pluie » en anglais. C'est un moyen mnémotechnique utile pour pratiquer la pleine conscience et l'autocompassion. Il y a quatre étapes :

Reconnaître ce qui se passe ;
Accepter l'expérience entièrement ;
Investiguer avec soin et curiosité ;
Nourrir avec autocompassion.

Vous pouvez prendre votre temps pour explorer RAIN en tant que méditation, ou bien utiliser ces quatre étapes dès qu'une émotion difficile se présente à vous.

https://www.tarabrach.com/selfcompassion1/

POUR VIVRE PLUS EN LIEN…

« Les liens que nous tissons avec les autres sont les fils invisibles qui donnent de la structure et de la signification à notre existence. »

Helen Keller

« Aucun homme n'est une île, un tout, complet en soi ; tout homme est un fragment du continent, une partie de l'ensemble ; si la mer emporte une motte de terre, l'Europe en est amoindrie, comme si les flots avaient emporté un promontoire, le manoir de tes amis ou le tien ; la mort de tout homme me diminue, parce que j'appartiens au genre humain ; aussi n'envoie jamais demander pour qui sonne le glas : c'est pour toi qu'il sonne. »

John Donne

Fillettes, dans un village du Jharkhand, où Karuna-Shechen intervient pour améliorer les conditions de vie des habitants. Le rire est l'indéfectible lien de l'amitié.

LE LIEN AU VIVANT

Les associations présentées ici figurent parmi celles qui travaillent activement pour renforcer le lien entre les individus et la nature, tout en contribuant à la protection de l'environnement. Elles jouent un rôle essentiel en favorisant la connexion entre les êtres humains et la nature et en mettant en valeur l'importance de préserver la biodiversité. Elles proposent généralement des programmes éducatifs, des activités de sensibilisation, des ateliers pratiques et des événements pour tous les publics, et cherchent à transmettre des connaissances sur la nature, à promouvoir le respect de l'environnement et à encourager les comportements responsables envers notre écosystème.

En mettant l'accent sur le lien au vivant, ces associations visent à établir une compréhension profonde de notre interdépendance avec la nature. Elles encouragent l'exploration des écosystèmes locaux, la protection des espèces menacées, l'adoption de pratiques durables et le développement d'une relation harmonieuse avec notre environnement.

Grâce à leurs actions, ces associations contribuent à cultiver une génération consciente de l'importance de la nature, capable de prendre des décisions éclairées pour préserver notre patrimoine naturel et garantir un avenir durable pour les générations futures.

Préserver notre lien au vivant

Les Amis de la Terre

Cette association œuvre pour la protection de l'environnement et la préservation de la nature en France et en Belgique. Elle promeut des actions en faveur de la biodiversité, de l'agroécologie et de la transition écologique.

https://www.amisdelaterre.org
https://www.amisdelaterre.be

Association Kokopelli

L'Association Kokopelli se consacre à la préservation de la biodiversité et à la promotion des semences libres et reproductibles, en encourageant la pratique de la permaculture et de l'agriculture biologique.

https://www.kokopelli-semences.fr

Nature & Progrès

Nature & Progrès est une association belge qui encourage les modes de vie respectueux de l'environnement, en promouvant l'agriculture biologique, l'alimentation saine et la préservation des ressources naturelles.

https://www.natpro.be

Association pour la protection des oiseaux

L'Association suisse pour la protection des oiseaux œuvre pour la conservation des oiseaux et de leurs

habitats en sensibilisant le public à l'importance de leur préservation.
https://www.birdlife.ch

Fondation pour la nature et l'homme

Cette fondation a pour objectif de préserver la nature et la biodiversité et de lutter contre les changements climatiques. Elle encourage également les actions visant à reconnecter les individus à la nature.
https://www.fnh.org

Réserves naturelles de France

Cette fédération regroupe les réserves naturelles de France et vise à protéger et à gérer les espaces naturels sensibles. Son travail contribue à la préservation des écosystèmes et à la sensibilisation du public à l'importance de la nature.
https://www.reserves-naturelles.org

Association pour la protection des animaux sauvages (ASPAS)

Cette association se consacre à la protection des animaux sauvages et de leur habitat en France. Elle mène des actions de sensibilisation, de préservation des espèces menacées et de restauration des écosystèmes.
https://www.aspas-nature.org

France Nature Environnement

La FNE est une fédération regroupant de nombreuses associations environnementales en France, dont les actions visent à protéger la nature, à promouvoir le développement durable et à sensibiliser les citoyennes et citoyens à la préservation de l'environnement.
https://fne.asso.fr

Surfrider Foundation Europe

L'association se concentre sur la protection des océans, des plages et des lacs en promouvant des actions de sensibilisation et de préservation de ces écosystèmes.
https://surfrider.eu

Témoignage : quand l'écoanxiété relie aux autres au lieu d'éloigner

Isabelle Giraldo est architecte, instructrice de pleine conscience et guide de (re)connexion au vivant. Elle milite pour une (re)connexion à soi, aux autres et au vivant afin que chacun puisse mener des actions motivées par le cœur et la relation plutôt que par les peurs et la séparation[50].

« Nous sommes de plus en plus nombreux à nous sentir complètement envahis par l'écoanxiété. Alors comment faire pour continuer à agir malgré ces émotions qui souvent nous paralysent et nous empêchent de

50. Voir son livre *Eco-anxiété : des clés pour agir*, Solar, 2023.

dormir ? Selon Kelly McGonigal, psychologue de la santé et conférencière à l'Université Stanford, qui s'emploie à traduire les connaissances de la psychologie et des neurosciences en stratégies pratiques favorisant la santé et le bien-être, la solution n'est pas tant de « gérer » notre écoanxiété mais bien de l'apprivoiser, de changer notre relation et notre perspective de l'anxiété. Pour commencer, nous pouvons choisir de voir l'écoanxiété de manière positive. Cette émotion, certes désagréable, nous informe sur notre amour profond de la vie et du vivant. C'est une invitation de notre corps, qui nous dit de nous relever les manches et de passer à l'action. Voir l'anxiété comme un message positif permet à notre corps de réagir pour donner le meilleur de nous-mêmes et œuvrer dans notre plein potentiel. Accueillir et arrêter de résister à l'anxiété nous énergise et nous motive. Contrairement aux idées reçues, si nous adoptons cette vision positive, nous sommes moins susceptibles de faire un « burn-out ». Peu à peu, nous développons ce que McGonigal appelle la biologie du courage.

Les neurosciences ont démontré que, contrairement à ce que les scientifiques ont longtemps cru, l'anxiété ne mène pas uniquement à une réaction de fuite ou de lutte. Elle peut également activer les systèmes cérébraux qui nous aident à nous connecter à d'autres personnes. Elle déclenche ainsi un instinct de protéger sa « tribu » : en période de stress, il a été démontré que

les hommes et les femmes deviennent plus confiants, généreux et prêts à risquer leur propre bien-être pour protéger les autres.
Du point de vue de l'évolution, cette réaction bienveillante qui est appelée « prendre soin et se lier d'amitié » fait partie de notre répertoire, pour protéger notre progéniture et aller à l'encontre de notre instinct de survie fondamental qui consiste à éviter les risques. Si nous pensons qu'il n'y a rien à faire, nous risquons d'abandonner. Et si nous sommes figés dans la peur, nos proches périront. À la base, « prendre soin et se lier d'amitié » est un état biologique conçu pour réduire la peur et augmenter l'espoir. En d'autres termes, cela nous rend sociaux, courageux et intelligents.
Dans toute situation où nous nous sentons impuissants, faire quelque chose pour soutenir les autres peut nous aider à maintenir notre motivation et notre optimisme. Alors, dans ces temps si difficiles, la meilleure façon de faire face est de rechercher des personnes partageant les mêmes idées et de se soutenir mutuellement. Il est grand temps d'agir, mais surtout d'agir ENSEMBLE.

Éduquer et transmettre l'importance du lien au vivant

Les Petits Débrouillards

Cette association vise à promouvoir la culture scientifique et technique auprès des jeunes en les sensibilisant à l'environnement et au développement durable. À l'heure où le désir collectif d'un avenir plus viable et respectueux de l'environnement n'est pas assez entendu, où l'humain est trop souvent sous-estimé, voire ignoré, où les peurs se nouent et poussent au rejet de l'autre, Les Petits Débrouillards font vivre l'envie de se questionner, le plaisir de participer et de partager ce que l'on a, ce que l'on sait, en faisant preuve de curiosité et de bienveillance. Redonner à chacune et chacun la confiance en sa propre intelligence, c'est renforcer sa capacité à agir et à croire en son avenir.

https://www.lespetitsdebrouillards.org
http://www.lespetitsdebrouillards.be

Graine de vie

L'association se consacre au reboisement et à l'éducation à l'environnement et à la biodiversité, en proposant des activités pédagogiques et des projets éducatifs aux écoles et au grand public.

https://grainedevie.org/bienvenue-fr

La Fondation GoodPlanet

Créée par le photographe et réalisateur Yann Arthus-Bertrand, cette fondation œuvre pour la sensibilisation et l'éducation à la préservation de la planète, en mettant en place des programmes éducatifs et des projets de terrain.

https://www.goodplanet.org/fr
https://www.goodplanet.ch

Éco-école

Ce programme international d'éducation à l'environnement propose aux établissements scolaires de mettre en place des actions concrètes pour améliorer leur impact environnemental et encourager la participation des élèves.
https://www.eco-ecole.org

Le mouvement Colibris

Créé en 2007 sous l'impulsion de Pierre Rabhi et de quelques proches, le mouvement Colibris est un mouvement citoyen qui œuvre à l'émergence d'une société écologique et solidaire, radicalement différente, en favorisant le passage à l'action individuelle et collective. Persuadé que chacune et chacun détient une part de la solution, il accompagne ainsi des milliers de personnes et de collectifs, partout sur les territoires, qui imaginent ensemble un nouveau modèle de société, basé sur les valeurs de sobriété heureuse, de coopération et de respect du vivant.

L'association compte 45 groupes locaux, une communauté de 5 000 cotisantes et cotisants et plus de 400 000 sympathisantes et sympathisants à travers le monde.
https://www.colibris-lemouvement.org

La Maison de l'environnement

Située à Lyon, cette association propose des activités éducatives et des programmes pédagogiques axés sur l'environnement et le développement durable pour les

enfants, les jeunes et les familles. Depuis 2017, elle accueille plus de 20 000 visiteurs par an. Elle accompagne la transition écologique des différents acteurs du territoire: citoyens et citoyennes, collectivités, établissements scolaires, entreprises, associations.
https://www.maison-environnement.fr

Teragir

L'association Teragir promeut l'éducation au développement durable à travers différents programmes. Elle suscite chaque année la participation de millions de Français à des actions qui ont un impact positif sur l'eau, les déchets, le climat, la biodiversité, l'énergie, la santé, l'alimentation, la qualité de l'air, la mobilité, le gaspillage alimentaire.
https://www.teragir.org

Équiterre

Équiterre est une organisation québécoise qui encourage la transition vers des modes de vie durables, en promouvant l'agriculture biologique, les transports écologiques et la consommation responsable.
https://equiterre.org

Terr'éveille

La raison d'être de cette association née en 2010 est d'offrir des ateliers collectifs et expérientiels de « travail qui relie » et, de cette façon, de nourrir le « réseau des tempêtes », qui se crée de façon organique entre les participants, pour soutenir les liens, les intuitions et la solidarité dans ces périodes de grands bouleversements.

L'association valorise le « travail qui relie » comme un outil précieux par sa cohérence et sa puissance, offrant à la fois une vision systémique large sur le monde et le vivant, une attention fine au « prendre soin » et à l'alchimie des émotions, ainsi qu'une ouverture à l'invisible.
http://terreveille.be

Cultiver l'interdépendance

L'Arbre qui pousse

Ce tiers-lieu est un lieu d'expérimentation qui permet de repenser son rapport à l'énergie, aux ressources et au vivant, humains inclus. Son intention est d'animer ce lieu de façon collective, de faire une démonstration d'autonomie et de résilience à deux niveaux : à l'échelle d'une terre et au sein d'individus qui la peuplent, qui y passent du temps et/ou qui y créent leurs activités.
https://larbrequipousse.org

Le réseau Cocagne

Le réseau Cocagne, c'est plus de cent jardins de Cocagne et trente ans d'expérience, et, au-delà de la production de légumes bio, de nouvelles activités économiques au service de la transition écologique et sociale des territoires. Leur projet de société vise à resituer le travail des personnes en situation précaire au cœur du projet écologique.
https://www.reseaucocagne.org

Fondation Mycelium

À partir d'un positionnement d'espoir lucide et actif face aux crises systémiques écologiques et sociétales auxquelles nous faisons face, la fondation a pour but de soutenir l'enracinement et le déploiement des mouvements, des personnes, des organisations ou des réseaux œuvrant à la création, à la défense et au développement de sociétés tournées vers le soutien de toutes les formes de vies, humaine et autres qu'humaine.
https://fondation.mycelium.cc

Terre de liens

Terre de liens favorise l'interdépendance entre les agriculteurs, les citoyens et les terres agricoles en facilitant l'accès à la terre pour les agriculteurs bio et en encourageant l'implication des citoyens dans la préservation des espaces ruraux.
https://terredeliens.org

PermaFungi

Collaborer avec un être vivant, le mycélium, sur lequel on compte pour augmenter la symbiose entre les villes et la nature, tel est le cœur de la mission de PermaFungi, la coopérative sociale d'économie circulaire pionnière dans le domaine des mycomatériaux.
https://www.permafungi.be

Les liens avec les plus qu'humains, un vrai soutien

La zoothérapie se divise en TAA (thérapie assistée par l'animal, à visée curative) et en AAA (activité assistée par l'animal, à visée ludique ou pédagogique).

Évi'dence

L'association Évi'dence est partenaire de l'administration pénitentiaire depuis de nombreuses années à travers une activité de médiation par l'animal en milieu carcéral, qui a pour vocation d'amener les personnes détenues à diminuer l'agressivité entre elles et avec les surveillants, à sortir de l'isolement, à améliorer leur socialisation, les échanges positifs et à travailler le respect de l'autre, le partage, la patience. Elle intervient aussi en institutions spécialisées, de la petite enfance aux soins palliatifs.

https://www.evi-dence.fr

Handi'chiens

Handi'chiens propose des chiens d'assistance spécialement éduqués pour accompagner les personnes en situation de handicap, favorisant ainsi leur autonomie et leur bien-être.

https://www.handichiens.org

Institut belge de zoothérapie

L'Institut belge de zoothérapie se donne pour mission de former des praticiens en médiation animale. Ses formations s'adressent aux praticiens ou futurs praticiens qui souhaitent se servir d'un animal dans un cadre thérapeutique, aux personnes qui veulent construire ou aider à construire un chien d'assistance ou un chien guide ainsi qu'aux particuliers.

https://www.institut-zootherapie.be

SE RELIER AUX AUTRES

Le lien intergénérationnel

Dans cette section, nous présentons des associations engagées qui promeuvent l'importance des échanges et des relations entre générations. Leur mission principale est de (re)tisser des liens solides et de promouvoir la transmission des savoirs, créant ainsi des passerelles entre les jeunes et les aînés.

Selon une étude réalisée en 2021 (CSA Research-Petits Frères des pauvres), 2 millions de personnes âgées en France sont isolées des cercles familiaux et amicaux et 530 000 sont en situation de mort sociale.

À travers des ateliers, des événements, des projets communautaires et des programmes d'accompagnement, les associations comme celles que nous présentons encouragent une autre manière de faire société. Elles créent des espaces bienveillants où les individus peuvent s'épanouir, partager leurs expériences de vie et tisser des liens intergénérationnels inédits.

Les Petits Frères des pauvres

Les Petits Frères des pauvres œuvrent pour rompre l'isolement des personnes âgées de différentes manières : en accompagnant dans la durée, sur leur lieu de vie ou de soin, des personnes en situation d'isolement et de vulnérabilité, en relogeant de manière pérenne celles qui sont en

Dilgo Khyentse Rinpoche, l'un des plus grands maîtres du bouddhisme tibétain au XXe siècle, et Kathok Situ à Paris, 1983.

grande précarité, en formant les personnes âgées exclues du numérique et en alertant les pouvoirs publics.
https://www.petitsfreresdespauvres.fr

Ensemble2générations

Ensemble2générations facilite la cohabitation entre les seniors et les jeunes en mettant en relation des personnes âgées disposant d'une chambre libre et des étudiants en recherche de logement.
https://www.ensemble2generations.fr

1Toit2Âges

1Toit2âges se positionne comme un facilitateur de rencontres et de partage entre les générations. L'association met en relation des seniors disposant d'une chambre libre dans leur domicile avec des étudiants qui ont besoin d'un logement temporaire ou à long terme. Cette approche permet de créer des relations intergénérationnelles harmonieuses, basées sur l'échange, l'entraide et la convivialité.
https://www.1toit2ages.be

Générations et Cultures

L'association régionale Générations et Cultures, née en 1981 à l'initiative d'un réseau de militants, a développé des savoir-faire dans le domaine de la cohésion sociale et de l'intergénération et s'organise autour de l'animation de dispositifs de cohabitation intergénérationnelle solidaire, d'interventions dans des résidences de personnes âgées

isolées et d'un réseau d'innovations sociales et de bonnes pratiques, Assemblage, pour que les savoir-faire développés soient au service de l'ensemble de la population.
https://generationsetcultures.fr

Les Blouses roses

Les Blouses roses interviennent principalement auprès des enfants hospitalisés et des personnes âgées en EHPAD. Elles écoutent, réconfortent, distraient les malades et apportent de la joie dans un quotidien de solitude ou de soins.
https://www.lesblousesroses.asso.fr/fr

Bras dessus bras dessous

Cette association met en contact des personnes âgées de plus de 60 ans, vivant à domicile et exprimant un sentiment de solitude ou d'isolement social avec des voisin(e)s plus jeunes souhaitant passer un peu de temps au gré des disponibilités et des affinités qui se créent.
https://www.brasdessusbrasdessous.be

KOM à la maison

KOM à la maison est le premier restaurant participatif de Belgique. Un restaurant où les habitants, encadrés par une animatrice, cuisinent le repas, cinq midis et un soir par semaine.

Un lieu de solidarité et de partage, où la cuisine et le repas servent de traits d'union entre habitants d'une grande

diversité d'âge, d'origines, de parcours de vie et de revenus. Un lieu de consommation durable proposant des repas végétariens préparés avec des produits achetés en circuit court et des invendus récupérés dans un magasin bio.
http://www.komalamaison.be

Les liens, pas que de sang

Soutenir la parentalité, recréer la tribu

Le Petit Vélo jaune

Cette association accompagne des parents isolés socialement, en difficulté ou en situation de précarité, dès le début de leur aventure familiale, voire dès le début de la grossesse.

Comment ? Par une rencontre entre une famille et une personne bénévole, qui, ensemble, créent un binôme. La personne bénévole, appelée coéquipière, se rend dans la famille une fois par semaine pendant un an pour apporter un soutien aux parents, que ce soit en matière de démarches administratives, de partage d'expérience ou simplement pour amener une présence et une écoute. À la manière d'un bon voisin ou d'une bonne voisine.
https://www.petitvelojaune.be

Mères veilleuses

Ce réseau de solidarité des mères monoparentales est une plateforme de soutien aux mères solos résidant dans toute la Belgique. L'idée est de créer des connexions entre personnes vivant dans une même commune ou ville pour

répondre aux difficultés rencontrées au quotidien en tant que parent isolé. Ce réseau est aussi un lieu d'échanges d'idées, de bons tuyaux, d'expériences de vie, de conseils. Un lieu d'écoute, de soutien psychologique et juridique.
https://www.facebook.com/desmeresveilleuses

Maman blues

Maman blues est une association française dédiée au soutien des mères confrontées à la dépression postnatale, offrant des informations, des témoignages et des ressources pour les accompagner.
https://www.maman-blues.fr

Les Câlineurs de bébés

De nombreuses études ont révélé les bienfaits des câlins auprès des bébés hospitalisés. Les Câlineurs de bébés est une association de bénévoles qui câlinent les bébés de 0 à 18 mois auprès des services hospitaliers spécialisés dans la toute petite enfance.
https://www.facebook.com/calineursdebebes

MamanCercle

MamanCercle est une tribu de femmes qui choisissent de méditer ensemble, en ligne.

Des femmes de tous les âges, des mères, des grands-mères et d'autres qui n'ont pas d'enfants, mais qui prennent soin et portent beaucoup. L'association regroupe des femmes qui veulent prendre soin de leur vie intérieure et

faire de la place pour cette précieuse quête. Des Terriennes persuadées que le changement qu'on veut voir dans le monde, on ne peut le nourrir et le faire venir que depuis notre intérieur, depuis nos cœurs, nos corps, nos maisons, ensemble. Des femmes, des mères qui ont envie de communauté, de sororité et de méditer ensemble.
https://mamancercle.fr

Témoignage : MamanCercle, la sororité puissance 1000

« Il est difficile, nous dit Annabelle, membre de la tribu depuis le début, voici trois ans, de rendre compte par les mots de la puissance du lien qui unit toutes les membres. Maman séparée et célibataire, j'ai réalisé combien la sangha (la communauté) m'entourait, même à distance. Rien que de penser à nos liens, je me sens moins seule, accueillie comme je suis (ce qui n'est pas toujours le cas avec des amis pourtant proches), sans jugement, avec beaucoup de bienveillance et d'empathie. Nos réunions étant liées à la nouvelle lune, la simple contemplation de l'astre nocturne me donne le sentiment d'être reliée et me fait un bien fou. Et puis il y a le groupe WhatsApp, où l'on peut déposer quand on en a vraiment gros sur la patate. À nouveau, en toute sécurité et confiance. C'est vraiment magique de se sentir reliée. Le sentiment de solitude dont je souffrais jusque-là s'estompe peu à peu parce que je sais que mes mamans sœurs sont toujours là. »

Une communauté pour se soutenir, se relever

Habitat et humanisme

Habitat et humanisme agit à l'échelle locale pour proposer des logements aux personnes en difficulté, lutter contre la ségrégation urbaine et favoriser une ville ouverte à tous et répondre aux différentes facettes de la précarité, et notamment celles liées à l'isolement et à l'âge.

https://www.habitat-humanisme.org

Emmaüs

Emmaüs lutte contre l'exclusion et la pauvreté en offrant des opportunités de réinsertion sociale et professionnelle, tout en promouvant la solidarité et le partage des ressources pour une société plus équitable.

https://www.emmaus-france.org

SOS Solitude

SOS Solitude a pour but d'apporter une aide aux personnes en état de crise, sous la forme d'une écoute téléphonique attentive. Basée sur l'anonymat, elle vise à rompre l'isolement et l'angoisse de la personne en crise en l'aidant à mieux exprimer et comprendre sa situation et à trouver en elle-même le moyen de surmonter ses difficultés. Elle entre dans le cadre de la prévention du suicide.

https://sos-solitude.fr

Les Restos du cœur

Les Restos du cœur distribuent des repas, offrent un soutien social et accompagnent les personnes en situation de précarité, favorisant ainsi la solidarité et l'inclusion sociale.
https://www.restosducoeur.org

Serve the city

Serve the city mobilise des bénévoles pour des actions solidaires et humanitaires, offrant des opportunités d'engagement pour restaurer le lien social et venir en aide aux personnes défavorisées. Sa devise : quand plein de personnes font de petites choses ensemble, cela peut faire une grande différence pour le monde !
https://www.servethecity.be

Solaris Belgique

Totalement gratuit, ce réseau est modélisé sur l'entraide familiale et l'entraide de proximité qui étaient la norme dans le passé. Il soutient l'autonomie et la souveraineté de chacun, bases essentielles de toute réelle entraide. Dans les temps incertains que nous vivons, et en cas de défaillances systémiques, le réseau Solaris nous permettra de nous entraider rapidement, grâce à ce tissu déjà en place. Ce réseau humain permettra que personne ne demeure isolé face à ses problèmes. Il apportera des réponses rapides et de proximité aux besoins de chacun et renforcera plus que jamais l'unité entre humains.
https://solaris-belgique.org

Handi'cap évasion

L'association a pour activité phare des séjours de randonnée d'une semaine en montagne, mêlant personnes valides et handicapées.

Ce sont des séjours proches de la nature, avec hébergement sous tente, en gîte ou en refuge (une nuit en bivouac est organisée si les conditions climatiques le permettent). Les randonnées, itinérantes ou en étoile autour d'un camp de base, sont l'occasion de découvrir la faune, la flore, les modes de vie et les spécialités des régions parcourues.
https://www.hce.asso.fr

Se relier au-delà des frontières, des cultures

Convivial

Convivial a pour objectif de favoriser l'insertion des réfugiés et des primo-arrivants en Belgique dans une dynamique d'écoute et d'engagement réciproque.
https://www.convivial.be

Plateforme citoyenne – BelRefugees

Confrontée à la mauvaise gestion de l'accueil en Belgique, la Plateforme citoyenne de soutien aux réfugiés naît en septembre 2015 et se définit comme un espace de rencontre et de coordination des initiatives individuelles et collectives concernées par les questions migratoires. Depuis, la Plateforme citoyenne assure, dans la mesure de ses moyens, un accueil inconditionnel, une réponse aux demandes d'information, de formation et d'assistance des

exilés, migrants, demandeurs d'asile, primo-arrivants et sans-papiers, dans le plein respect de l'individu et de ses choix. Elle œuvre ainsi à l'intégration de ces personnes dans leur nouvel environnement.
http://www.bxlrefugees.be

Les Midis du MIE

L'association a pour but de soutenir et de participer à des actions en faveur des jeunes migrants, notamment dans le domaine de la vie quotidienne, de l'apprentissage du français, de la scolarisation et de l'intégration juridique, sociale et culturelle.
https://www.lesmidisdumie.fr

Droit à l'école

Droit à l'école soutient les mineurs non accompagnés exilés dans leurs démarches de scolarisation vers une école de la République française. Ces mineurs sont livrés à eux-mêmes car ils ne sont pas encore pris en charge par l'aide sociale à l'enfance (ASE).

Dans l'attente, souvent longue, de cette protection et de cette scolarité tant désirée, ces mineurs isolés bénéficient, dans notre École des sans-école à Ground Control (Paris XIIe), d'un suivi éducatif, de cours quotidiens dans les principales matières et d'un accompagnement jusqu'à leur insertion professionnelle.
https://droitalecole.org

Pauline, bénévole à Droit à l'école

« Depuis 2019, j'accompagne des mineurs et des jeunes majeurs exilés à différents moments de leur nouvelle vie en France, à Paris : repas solidaires, aide aux devoirs, balades culturelles, orientation scolaire et professionnelle… J'ai croisé la route de centaines de jeunes. À l'occasion de ces rencontres, même brèves, parfois uniques, il y a des échanges : conversations, discussions, actions pour faire avancer leur situation… Des liens se tissent – liens infimes, ténus, qui semblent parfois même anodins – mais qui se révèlent des ressources immenses pour eux. Et une découverte en humanité pour nous qui les accompagnons.

Pour eux qui ont quitté leur famille, leur village, leur pays – sans avoir le choix, pour la plupart –, ces liens vont leur permettre de tenir, de surmonter des situations de vie très difficiles – alors même qu'ils sont arrivés en France après un voyage toujours traumatisant. Ces liens vont les aider à prendre confiance, à avancer, à construire leur avenir.

Voici deux heureuses histoires de liens :

Je connais M. depuis décembre 2019. Il était hébergé avec d'autres jeunes dans les caravanes d'un cirque pas loin de chez moi. J'allais une fois par semaine dans le campement leur porter des courses et cuisiner le dîner avec eux. Aujourd'hui, il a 18 ans, il va à l'école, en CAP plomberie, et fait son premier stage. Il me dit : "Quand tu m'as rencontré au cirque, tu m'as dit d'aller à l'école, que tu m'aiderais. Là, je commence mon stage. Merci, c'est grâce à toi."

D. a eu 17 ans mais ne veut pas qu'on fête son anniversaire. J'insiste et finis par obtenir d'organiser un goûter chez lui. On s'y retrouve un dimanche, à 15 heures, avec d'autres amis bénévoles de l'association. D. me prévient : "Pas de gâteau, pas de bougies, pas de chanson, tout ça..." On arrive avec une salade de fruits, un gâteau et des jus de fruits, et je l'appelle au téléphone pour qu'il descende m'ouvrir. Il me dit qu'il n'est pas à la maison. Je suis très ennuyée car on est six à venir spécialement pour lui un dimanche. Il rit : il est là, il descend. Dans l'appartement, il y a une bonne odeur de mafé qui mijote. Il l'a préparé pour nous. En fait, c'est lui qui nous reçoit chez lui. Il veut qu'on s'assoie autour de la table et qu'on mange son mafé. Il est 15 h 30, on sort tous de table, personne n'a faim, mais on va manger tous ensemble le mafé d'anniversaire de D. »

Restaurer les liens

La justice restaurative

France victimes

France victimes propose des services d'accompagnement et de médiation pour les victimes et les auteurs d'infractions, favorisant ainsi la réparation et la restauration des liens dans le cadre de la justice restaurative.

https://www.france-victimes.fr

Ajures

Ajures est une association à but non lucratif, qui vise la promotion de la justice restaurative et permet aux victimes et aux auteurs de communiquer. L'objectif est de répondre de manière prioritaire aux besoins sociaux et personnels des personnes touchées par une infraction.

https://ajures.ch

Médiante

Cette association a pour but de mettre en place des programmes de médiation en matière pénale, de promouvoir des espaces de concertation entre tous les acteurs concernés en vue de garantir une application adéquate de ces programmes de médiation dans une perspective réparatrice plus large, de promouvoir des dispositions de formation, d'évaluation et de recherche, d'assurer une coordination d'expériences décentralisées, en vue de garantir une cohérence méthodologique en accord avec les dispositifs d'évaluation mis en place et de permettre, selon

les situations, des échanges d'informations, l'expression d'émotions, voire la négociation d'une forme de réparation ou de dédommagement.
http://mediante.be

La justice restaurative : comment retisser le lien

PAR SALOMÉ VAN BILLOEN

De par le monde, trop souvent, des attentats terroristes font rage, frappant notamment la France et la Belgique. Ils sont à la fois le reflet et l'origine de nombreuses fractures sociales dans nos sociétés, et ils sont venus ébranler en profondeur notre histoire collective, au-delà des histoires individuelles et des vies qu'ils ont brisées.
En réponse à cela, il y a des procès, l'émanation de la vérité judiciaire. Un moment important, tant pour les personnes dont la vie a basculé que pour l'histoire. Mais nous sommes nombreux et nombreuses à être convaincus que les chemins de la justice sont pluriels et que pour favoriser des processus à la fois exigeants et humains, il est important de multiplier les espaces où les personnes affectées peuvent s'exprimer, comprendre et dire.
C'est ainsi qu'a été tracé un autre chemin, de justice, mais aussi de réflexion, de restauration, de guérison. Au départ, un lieu de parole. L'histoire d'un groupe, né en 2018, deux et trois ans après les attentats de Paris et de

Bruxelles. Notre groupe s'appelle « Retissons du lien. Penser ensemble pour agir en commun ».
Nous y sommes d'âges, d'origine, de nationalités, de genres, de religions, de professions, de milieux socio-économiques et de vécus différents. Il y a des victimes rescapées ou endeuillées des attentats, des pères et des mères dont l'un des enfants s'est engagé dans l'idéologie djihadiste, et des intervenants, comme moi, non directement victimes, mais qui sont ébranlés, concernés par la question du terrorisme et par ce que cette violence extrême et aveugle raconte du monde dans lequel nous vivons.
D'aucuns pensent qu'un tel groupe, composé de toutes ces personnes, ne peut pas exister : « Ce n'est pas possible », nous dit-on, « tout vous oppose ». Ils diront, par exemple, que quelqu'un comme Georges, qui a perdu sa fille, Lola, au Bataclan, n'a rien à faire aux côtés d'Azdyne, qui est le papa de l'un des trois assaillants morts au Bataclan. Ils sont pourtant tous deux dans le groupe. Ils ont aussi écrit un livre ensemble.
Ils diront également qu'Azdyne n'a rien à faire aux côtés de Sandrine, Laura, ou encore Sophie, qui elles sont des victimes rescapées ou des victimes collatérales de l'attentat du métro à Maelbeek. Qu'elles-mêmes n'auraient rien à faire aux côtés de Saliha, Lydie, Fatima, trois mamans qui ont vu leurs enfants partir en Syrie et y mourir et leurs petits-enfants en revenir ou pas.
Nous n'aurions donc rien à faire ensemble ?

Et pourtant, je constate qu'ensemble, nous parlons, nos regards se croisent, nous vivons nos émotions, nous disons nos colères, nos tristesses, nos peurs, nos hontes, nos culpabilités, notre empathie. Nous pleurons, nous rions, nous exprimons nos désaccords, nous interrogeons notre société, les médias, le politique, la justice, nous écoutons les douleurs, les doutes et les souffrances qui, obstinément, demandent à être entendus, les besoins qu'ils révèlent. Nous allons à la rencontre de l'altérité et nous essayons d'entendre la complexité qui se loge derrière chacune des histoires des personnes présentes dans ce groupe.
Et, plus fondamentalement, nous nous engageons – car oui, cela demande un effort – contre les assignations identitaires, contre l'exclusion, contre le racisme.
Nous faisons de la prévention de toutes les formes d'extrémismes violents en témoignant en prison, dans les écoles ou dans les institutions publiques de protection de la jeunesse, avec des binômes de personnes victimes et de familles concernées.
Ainsi, nous nous interrogeons, nous nous restaurons et nous nous reconnectons à notre capacité d'agir.
Nos narrations plurielles sont puissantes, nourries par le souvenir d'une tragédie partagée et extrêmement douloureuse pour certains. Elles dessinent des chemins de mémoire, de guérison et de vie, des chemins d'avenir.
Je pense notamment à l'une des victimes rescapée de l'attentat du métro qui disait que le seul fait d'apprendre

l'existence du groupe l'avait émue. Qu'y participer l'avait délivrée et que l'écoute des sentiments et des besoins des autres avait résonné en elle et l'avait amenée à une écoute plus attentive de ses propres besoins.
Je pense aussi à une autre personne victime des attentats du métro de Bruxelles qui, elle, interpelle les politiques et leur demande : pourquoi les familles concernées par l'engagement d'un enfant dans l'idéologie djihadiste n'ont-elles pas le droit, elles aussi, à des soins gratuits ? On sait la déshérence dans laquelle se trouve ces parents, les frères et les sœurs, alors pourquoi ne les écoutons-nous pas ? Pourquoi les excluons-nous ?
Je pense encore à un monsieur qui a perdu son fils et ses deux petits-enfants dans un attentat en France et qui me racontait, au lendemain d'un atelier, combien il avait été touché et bouleversé d'aller à la rencontre de la douleur d'une maman qui avait perdu son enfant en Syrie. Il partageait une douleur avec elle, celle de la perte. Il était touché que cette maman puisse aussi lui exprimer de la compassion et ses profondes condoléances. Et pour cette maman, ce lien était tout aussi précieux. Il était important pour elle de pouvoir dire son besoin de contribuer à restaurer la paix dans le monde et de pouvoir aussi nommer son enfant : dire l'enfant qu'il avait été avant de partir, avant de s'engager dans une idéologie mortifère. Raconter son fils, mais aussi dévoiler la difficulté pour elle d'être acculée à

n'avoir que des réponses là où elle demeure, elle aussi, avec mille et une questions liées à l'engagement de son enfant.

Au fond, dans « Retissons du lien », nous esquissons un processus de justice restaurative où les langues se délient, les mémoires se rencontrent, les émotions et les souffrances se racontent, les peurs s'estompent.
C'est un chemin parmi tant d'autres, c'est le nôtre, c'est simplement notre façon de réinventer, au-delà des divisions tant exacerbées, notre commune humanité, notre façon de ramener de l'apaisement et de la vie là où la terreur et la mort ont tant, ont déjà beaucoup trop emporté.

Une façon aussi de dire l'importance capitale des chemins de justice au service d'une plus grande harmonie sociale, d'où l'exigence, au-delà de la punition, d'esquisser des voies de réparation, de responsabilisation, de réinsertion et, encore plus fondamentalement, de restauration, individuelle et collective.
C'est là qu'intervient notre expérience fondamentale de retissage du lien, qui crée de la transformation, et qui continuera de créer de la transformation une fois que la justice pénale aura, elle, dit son dernier mot.
De cela, je suis profondément convaincue !

Des liens, comme un tremplin pour l'avenir

Famille d'accueil

Actuellement, en Belgique, près de 7 000 enfants sont éloignés de leurs parents à plus ou moins long terme. Des séparations à la suite de décisions de justice ou de problèmes médico-sociaux psychologiques qui empêchent les parents de remplir leur rôle. Ces enfants fragilisés – seuls ou en fratrie – ont besoin plus que n'importe qui d'un foyer pour retrouver un semblant d'équilibre, un accompagnement humain et aimant pour bien grandir.
https://familledaccueil.be

SOS Villages d'enfants

SOS Villages d'enfants propose des programmes d'accueil familial pour les enfants privés de soutien familial, offrant un foyer stable et une éducation adaptée à leurs besoins.
https://www.sosve.org

Accompagnement en accueil familial d'urgence

L'accueil familial d'urgence se centre sur trois priorités : les intérêts de l'enfant, le travail avec les parents en vue, a priori, d'un retour et une présence aux côtés de la famille d'accueil. Lorsqu'un retour auprès des parents est impossible, nous préparons psychologiquement l'enfant et l'accompagnons dans la transition vers son nouveau lieu de vie.
https://aafu.be

L'ASSOCIATION ÉMERGENCES

Émergences a pour objectif de contribuer à l'avènement d'une société plus juste, consciente, altruiste, chaleureuse et solidaire. Cofondée par Ilios Kotsou, Caroline Lesire et Matthieu Ricard en 2009 avec le soutien amical de Christophe André, l'association s'inspire de l'adage attribué à Gandhi : « Sois le changement que tu veux voir en ce monde. »

Se changer pour mieux voir, mieux voir pour (se) changer : Émergences nous invite à changer de regard depuis ses débuts.

Changer le monde peut paraître une tâche impossible devant l'ampleur des défis qui nous sont collectivement posés. Pourtant, lorsque nous sommes nombreuses et nombreux à changer, la culture évolue. Par nos activités, qui allient connaissance de soi, ouverture à l'autre et engagement citoyen et écologique, nous voulons participer, un pas à la fois, à faire apparaître davantage tous ces liens joyeux et précieux qui existent déjà.

À cette fin, l'association propose des ateliers en lien avec la méditation engagée, invitant à changer de regard sur nous-même, les autres et le monde, dans la perspective d'un mieux-être tant individuel que collectif. Dans une démarche engagée socialement, l'association contribue à mener et/ou à financer des projets solidaires en Belgique et à l'étranger (www.emergences.org).

Les activités d'Émergences

Cycles MBSR et d'approfondissement

Émergences propose différentes possibilités pour découvrir la pleine conscience bienveillante ou approfondir votre pratique : des cycles d'initiation de huit semaines (MBSR), mais aussi des cycles spécifiques (préparation à la naissance et à la parentalité, pleine conscience interpersonnelle, pleine conscience et intimité, cycle pour apprivoiser l'écoanxiété) ainsi que des suivis et cycles d'approfondissement. Des cycles sont organisés en matinée et en soirée, dans différentes villes de Belgique ainsi qu'en ligne.

Retraites et ateliers

Plusieurs fois dans l'année, nous vous proposons des temps d'arrêt pour approfondir la pratique. Que ce soit pour une soirée ou pour plusieurs jours, ces moments de redécouverte sont importants pour renouer avec la pratique de la méditation, dont la régularité est si importante.

Méditation et enseignement

Conscients que l'école est le lieu de tous les apprentissages, nous proposons, en collaboration avec l'association

AMLE, des modules pour le corps enseignant, permettant d'appréhender la pleine conscience bienveillante et de l'intégrer au quotidien, avec les élèves, les parents et les collègues.

Ces modules permettent de développer des compétences fondamentales pour aborder le monde avec confiance, ouverture et bienveillance, tout en contribuant à une ambiance de travail saine et propice aux apprentissages.

Méditation au service du vivant

Parce que nous sommes convaincus qu'une meilleure connexion avec le vivant favorise l'épanouissement humain autant que notre capacité à répondre aux enjeux écologiques actuels, nous proposons des activités destinées à préserver notre lien au vivant, via des ateliers, séjours et retraites thématiques. Parmi elles, des ateliers d'écopsychologie pratique, inspirés par le travail de Joanna Macy, afin de tisser des liens avec notre environnement, renforcer notre résilience et notre capacité à répondre aux crises actuelles et à venir.

Conférences Émergences

Chaque mois, Émergences accueille à Bruxelles un auteur, un chercheur ou un praticien inspirant autour des thèmes qui lui sont chers, tels que la sagesse au quotidien, la pédagogie positive, les neurosciences, la transition écologique ou l'éducation.

Pour découvrir les activités de l'association (programmes de *mindfulness*, conférences, ateliers, retraites, journées de pratique...), consultez l'agenda en ligne sur le site d'Émergences : emergences.org.

Les projets menés et soutenus par Émergences

De la Belgique à l'Himalaya, les projets que nous soutenons visent à apporter un mieux-être à des personnes fragilisées. Tel est le cas par exemple de Karuna-Shechen, l'association fondée par Matthieu Ricard, présent aux côtés d'Émergences depuis ses débuts, qui vient en aide à plus de 250 000 personnes des régions himalayennes.

Depuis quelques années, l'association a également à cœur de concevoir et de mener à bien des projets solidaires et engagés en interne, au plus proche de ses missions et valeurs, et ce de plusieurs manières.

Prezens

Nous avons lancé une application mobile de méditation qui permet à toute personne, quels que soient ses revenus, d'avoir accès à un accompagnement de méditation de grande qualité. L'application contient des parcours autour des thèmes de l'attention, de l'autocompassion, de la gestion des émotions, mais aussi en lien avec la nature, la famille et les enfants. Nous avons aussi voulu y apporter une touche poétique et favoriser le sentiment de communauté.

Ce projet est la suite logique de notre engagement à proposer des méditations libres d'accès en direct depuis mars

2020 (premier confinement). Depuis lors, nous avons offert plus de mille séances de méditation en direct. Vous pouvez la télécharger sur le site prezens.app ou directement sur l'app store et le play store.

Art et contemplation

Émergences propose à chacun de se reconnecter à soi et de se relier aux autres par des activités associant arts, musique et méditation. Convaincus du rôle de la culture dans l'épanouissement humain et l'ouverture des consciences, nous collaborons avec de nombreux artistes, associations et institutions sensibles à ces enjeux, par des formations offertes aux encadrants, ou en coorganisant des événements mêlant arts et *mindfulness*.

Parmi nos partenaires : la Chapelle musicale Reine-Élisabeth, les chorales Equinox (chorales-equinox.be), mais aussi le Jardin musical, un nouveau projet visant à décloisonner sciences, arts et méditation. Nous proposons aussi des formations à la pleine conscience pour les enfants aux chefs de chœur des chorales d'enfants de Singing Molenbeek (singingmolenbeek.be), une association née au lendemain des attentats qui ont rendu la commune tristement célèbre.

Enfin, des activités de méditation coorganisées avec le Musée des beaux-arts de Lille, le musée de Louvain-la-Neuve et le Musée royal des beaux-arts de Bruxelles sont régulièrement proposées au public.

Sentiers méditatifs

Tissant des liens entre arts, nature et contemplation, Émergences participe régulièrement à l'organisation de soirées de méditation ouvertes à tous à l'abbaye de Villers-la-Ville, en marge du sentier méditatif inauguré en 2018, auquel nous avons contribué.

Formations et outils pour les associations

Nous soutenons des associations et organismes qui fournissent un travail remarquable sur le terrain comme le SAMU social ou encore Team4Job, en leur proposant des formations et outils inspirés de la pleine conscience.

C'est dans ce cadre que nous menons également des activités de méditation en milieu carcéral, à destination des détenus et gardiens. Depuis 2014, nous proposons ainsi des cycles de pleine conscience à la prison de Leuze-en-Hainaut, sur une base volontaire. L'objectif de ces sessions est d'aider les individus à prendre conscience de ce qui est important pour eux, de leurs difficultés et de leurs ressources, afin de préparer une réinsertion réussie dans la société. Parallèlement, nous sommes en train de réaliser une plateforme de suivi afin d'accompagner les détenus dans leur pratique quotidienne et de pérenniser les bénéfices des séances.

Engagement citoyen

Émergences est membre de la Coalition Climat et, à ce titre, s'engage pour que soient entendues les demandes de la société civile belge pour plus de justice sociale et climatique. Parmi nos actions, des événements organisés au bénéfice d'associations ou de mouvements, tels que la projection d'un film pour la Plateforme citoyenne de soutien aux réfugiés (bxlrefugees.be) ou des activités de méditation avant les marches pour le climat.

MamanCercle

Ce projet vise à recréer la chaleur d'une communauté de village pour soutenir les mamans, bien souvent en première ligne dans les moments de crise. Tous les quinze jours, à chaque pleine lune et nouvelle lune, MamanCercle propose un moment de méditation et de reconnexion en ligne.
Inscriptions : mamancercle.love

Mères au front Belgique

Cette association d'inspiration écoféministe est née à l'invitation du mouvement québécois des Mères au front. Les mères se soulèvent pour que nos dirigeantes et dirigeants prennent enfin les décisions qui s'imposent pour faire gagner la vie. Diverses actions sont organisées, dont une chorale écoféministe qui se réunit tous les quinze jours le mercredi matin, mais aussi des projections, des ateliers et des activités en soutien à toutes les luttes qui font sens.

Merci infiniment
aux autrices et auteurs de ce livre :

Christophe André, Laurent Bègue-Shankland,
Abdennour Bidar, Cécile Bolly, Fabienne Brugère,
Boris Cyrulnik, Ilios Kotsou, Catherine Le Bris,
Caroline Lesire, Matthieu Ricard,
Rebecca Shankland, Salomé Van Billoen

qui ont la générosité de reverser
leurs droits à l'association Émergences
pour soutenir des projets solidaires.

Ouvrage publié sous la direction de Catherine Meyer.

TABLE

CRÉDITS PHOTOGRAPHIQUES

L'exemplaire que vous tenez entre les mains
a été rendu possible grâce au travail de toute une équipe.

décryptage et rewriting : Caroline Michel
couverture et conception graphique : Sara Deux
révision : Laurent Raymond, Emmanuel Dazin et Isabelle Paccalet,
avec Alice Posière
mise en page : Cursives
photogravure : IGS
fabrication : Marie Baird-Smith et Corinne Raffy
direction commerciale : Adèle Leproux
relations libraires : Alexandra Profizi
presse : Anne Vaudoyer avec Lise Chaton
communication digitale : Alice Huguet

rue jacob diffusion : Élise Lacaze (direction), Katia Berry
(grand Sud-Est), François-Marie Bironneau (Nord et Est),
Charlotte Jeunesse (Paris et région parisienne),
Christelle Guilleminot (grand Sud-Ouest), Laure Sagot
(grand Ouest), Diane Maretheu (coordination), Charlotte Knibiehly
(ventes directes) et Camille Saunier (librairies spécialisées)

distribution : Interforum

droits france et juridique : Geoffroy Fauchier-Magnan
et Marion Rowe
droits étrangers : Sophie Langlais et Ella Bartlett
droits audiovisuel, théâtre, podcast : Alba Beccaria
et Geoffroy Fauchier-Magnan
accueil et librairie : Laurence Zarra et Lucie Martino
envois aux journalistes et libraires : Vidal Ruiz Martinez
comptabilité et droits d'auteur : Christelle Lemonnier,
Camille Breynaert et Christine Blaise
services généraux : Isadora Monteiro Dos Reis

L'ensemble de cet ouvrage a été imprimé par un imprimeur certifié Imprim'vert.

IMPRIM'VERT®

Achevé d'imprimer sur les presses
de Normandie Roto à Lonrai (Orne)
en août 2023.

ISBN : 978-2-37880-384-1
Numéro d'impression : 2303866
Dépôt légal : Octobre 2023